改訂新装版 スクールカウンセラーの第一歩

学校現場への入り方から面接実施までの手引き

内田利広 著
内田純子

創元社

本書は内田利広・内田純子著『スクールカウンセラーの第一歩』
（2011年8月10日刊、創元社）を改訂・新装したものです。

はじめに

　本書は、臨床心理士・公認心理師として資格を取得したばかりの方、あるいはこれまで資格はあったが他の領域で仕事をしており、今回初めてスクールカウンセラーを希望し、活動を始める方のために、その最初の段階におけるスクールカウンセラーの動き方、また心構えなどについてまとめたものです。

　スクールカウンセラーに関する書籍はすでにかなり多く出ていますが、それらはスクールカウンセラーの実際の活動に関する多様な内容を網羅しています。私自身がこれまでスクールカウンセラーとして活動していく中で、また多くの若いスクールカウンセラーのスーパーヴィジョンをする中で、困っていることは、まずスクールカウンセラーとしてどのように学校に入っていったらいいのだろうか、ということでした。学校の中で、スクールカウンセラーとして活動をする上で、どうもうまく動けていない感じがする、居心地が悪い感じがする、といった目に見えない違和感を感じることがありました。そうした感覚を含め、スクールカウンセラーとして学校に入る特に初期の段階において、大切なことを中心に書いてみたいと思ったのが、本書の執筆の動機でした。したがって

本書は、スクールカウンセラーの活動のすべてを網羅したものではなく、スクールカウンセラーとして学校に入っていく最初の半年から数年ぐらいの事柄を中心に書いています。そういった意味を込めて、本書のタイトルを『スクールカウンセラーの第一歩』としました。これは、私が尊敬し理想としている成田善弘先生の『精神療法の第一歩』という本が頭にあったのは確かです。成田先生の本から多くのことを学び、影響を受けてきたので、本書もそのように初心のスクールカウンセラーの役に立つものになればという思いを込めて、このようなタイトルにしました。

　また、初期の頃のスクールカウンセラーとしての動きと共に、カウンセラーの戸惑いや人間関係の見方や作り方など、できるだけ「実感」に近いところに沿って書いてみたいという思いがありました。初任のスクールカウンセラーに限らず、経験のあるスクールカウンセラーにとっても、学校における居場所の確保や教師との関係の取り方など、自らのこれまでの活動を振り返り、確認するための１つの指標として、本書を利用していただくこともできるのではないかと思っています。

　また他にも、本書は、スクールカウンセラーと連携をとる教師の方にとっても有用なものになると考えています。スクールカウンセラーがどのような思いで、どのような戸惑いをもって学校に入って来るのかを知ることで、スクールカウンセラーへの理解が少しでも深まり、コーディネーターや担任

として、今後連携を取っていく上でも有益な示唆になればと願っています。

　本書の構成は、スクールカウンセラーが学校に入っていく流れに沿って書いています。特に第1章では、スクールカウンセラーとして学校に行く前に、やっておくべきこと、考えておくべきこととして、スクールカウンセラーになることへの動機付けや、具体的な採用の流れなどを説明し、大学院などで臨床心理学を学ぶ院生にも参考になればと思っています。

　第2章から第4章までは、初めて学校に行ってから実際に面接を始めるまでの数週間から数カ月の間に考えて、実践する内容について書いています。この部分は、前任者の活動や学校の体制により大きく異なるところであり、すでに十分に体制が整っているようであれば、飛ばして読んでいただいても結構だと思います。

　第5章では、数カ月経って、スクールカウンセラーが学校に馴染んでいくプロセスについて、それを居場所や居心地の視点から述べています。また、これまでにもスクールカウンセラーにとって重要だと言われてきた社会性の問題について取り上げ、1人の大人としてのスクールカウンセラーの動きについて、倫理の問題やハラスメントの問題と併せて述べています。これは初任のスクールカウンセラーには、見落とされやすい問題ですが、実際の活動においては重要なテーマであると思っています。

　第6章では、他機関との連携の問題をスクールカウンセラ

ーの限界という視点から取り上げました。第7章の小学校におけるスクールカウンセラーの活動については、私自身がそれほど小学校に関わることがなかったので、私のパートナーでスクールカウンセラーの内田純子氏に執筆をお願いしました。そして、第8章では、スクールカウンセラーを今後も続けていくために必要と思われる姿勢や意識についてまとめました。

　ここで述べてきたことは、私自身の中学校におけるスクールカウンセラーとしての体験がベースになっており、そうした体験は学校によってかなり異なるところがあり、個別性の強いところがあります。しかし、それでも、スクールカウンセラーとしてある程度共通したところがあり、読者の皆様の個々の体験と重ね合わせながら本書を読んでいただければ幸いです。

　最後に、本書の出版に至る過程において、創元社の橋本隆雄氏に大変お世話になりました。私の不登校やスクールカウンセラーに関する関心に興味を持っていただき、本書の出版も粘り強く見守っていただき、編集の作業を進めていただきました。ここに記して感謝の意を表します。

内 田 利 広

目　次

はじめに……………………………………………………………………………………1

第 **1** 章　学校に行くまでにやっておくこと

1 スクールカウンセラーになるまで………………………………………12

1　心理専門職としての技能　　12

2　自分の臨床のスタイルと対象　　14

3　なぜスクールカウンセラーをめざすのか　　15

2 スクールカウンセラーになるための 具体的な手続き………………………………………18

1　スクールカウンセラー制度のこれまでの経過　　18

2　各都道府県によるスクールカウンセラーの採用方法　　20

3　心理職能団体と教育委員会　　21

4　教育委員会による派遣先の決定　　22

3 活動を始める前にやっておくこと………………………………………24

1　派遣先の学校について調べる　　25

2　前任者との引継ぎ　　26

3　教育委員会によるオリエンテーション　　29

5

第2章　初めて学校に行く

1 最初にあいさつする人たち……34

1　校長先生へのあいさつ　34

2　教頭／教務主任／学年主任／生徒指導主任との関係　37

3　コーディネーターとの関係と位置づけ　40

4　職員室で出会う先生たち　42

2 職員室を知る……43

1　スクールカウンセラーの席に座ってみる　43

2　職員室の机の配置を見る　45

3　職員室の掲示物を見る　47

4　職員室での人の動きを見る　49

3 学校内を歩いてみる……51

1　学校内を歩く前に留意すべきこと　51

2　廊下の掲示物やすれ違う生徒の様子　53

3　保健室や事務室・用務員室をのぞいてみる　54

4　カウンセリング室の位置を確かめる　56

5　校舎の周りを歩いてみる　58

第3章　面接をスタートするまで

1 面接の枠組みについて……62

1　前任者による面接　62

2　引継ぎのケースをめぐって　63

2 面接の予定表・記録の作成 ⋯⋯⋯64

1 面接の予約の流れ　64

2 記録について　68

3 面接室の使用について ⋯⋯⋯69

1 面接室がある場合／ない場合　69

2 面接室としてどの程度設備が整っているか　72

3 面接室の使い方の方針について　73

4 スクールカウンセラーに期待されているもの　77

第4章　カウンセリングの実施と校内連携について

1 学校という組織の中でのカウンセリング ⋯⋯⋯82

1 専門家としてのスクールカウンセラー　82

2 スクールカウンセラーの役割としての連携　84

2 クライエントとの関係性の構築 ⋯⋯⋯86

1 子どもとの関係　87

2 保護者との関係　88

3 コーディネーターとの連携の実際 ⋯⋯⋯90

1 心理専門職について知ってもらう　91

2 コーディネーターの機能を通して連携を考える　92

3 学校全体を見る俯瞰的視点　99

4 守秘義務とほどよい連携 ⋯⋯⋯101

1 面接後、「どうでしたか」と問われて　101

2 子どもへの支援を中心とした連携　103

第5章　学校という組織になじむ

1　スクールカウンセラーの学校内での居場所 ⋯⋯⋯⋯⋯⋯⋯⋯108

1　スクールカウンセラーの立ち位置を確かめる　108

2　面接、研修などの活動を通しての居場所　112

2　居心地の悪さを感じる場合の工夫 ⋯⋯⋯⋯⋯⋯⋯⋯⋯⋯⋯⋯115

1　学校側の要因として　116

2　スクールカウンセラー側の要因として　119

3　社会人としてのスクールカウンセラーの心得 ⋯⋯⋯⋯⋯⋯122

1　礼儀・作法　122

2　雑談する能力　125

4　対人関係の専門家としての　　　　　　　　　　　　　　　128
　　スクールカウンセラーの振る舞い

1　スクールカウンセラーとしての倫理観　128

2　ハラスメントの問題をめぐって　131

第6章　スクールカウンセラーの限界と他機関との連携

1　子どもの抱える問題の限界 ⋯⋯⋯⋯⋯⋯⋯⋯⋯⋯⋯⋯⋯⋯139

1　発達上の問題　139

2　精神的な問題が疑われる場合　142

3　非行傾向の問題への対応　144

2　スクールカウンセラーのシステムにおける限界 ⋯⋯⋯⋯147

1　面接室という場の限界　147

2 　一人職場としての限界　　148

3 　学校内での組織の一員としての限界　　150

3 　時間の限界 151

1 　面接構造の問題　　151

2 　学校における卒業の意味　　153

4 　他機関との連携について 155

1 　校内連携の延長としての他機関連携　　155

2 　学校と外部機関との関係性　　159

3 　限界から見えてくるスクールカウンセラーの役割　　160

第7章　小学校におけるスクールカウンセラーの第一歩

1 　小学校における保護者・子どもへの関わり 167

1 　保護者との面接　　167

2 　子どもへの関わり　　168

2 　小学校における担任との連携 172

1 　小学校の担任の特徴　　172

2 　連携の工夫　　173

3 　実践事例からみた小学校の　スクールカウンセラーの動き 176

1 　面接につながるまで　　176

2 　面接過程（初期〜中期〜後期）　　177

4 　小学校のスクールカウンセラーとして　求められるもの 187

1 子どもとの関わりにおける柔軟性　187

2 発達の視点　189

3 保護者への対応、保護者面接　190

4 先生の世界を味わうこと　191

5 不定期な勤務を意識した活動　191

第8章　スクールカウンセラーを継続していくために

1 教師との距離感 196

1 外部性と専門性　196

2 組織人としてのバランス感覚　199

2 パイオニアとしての意識 201

1 異文化としての存在　201

2 企画・実践する楽しみ　203

3 スクールカウンセラーとしての資質 205

1 立ち位置の確認　205

2 子どもに関わる能力　206

3 自問自答するスクールカウンセラー　208

付

初心スクールカウンセラーのよくある質問　212

用語解説「スクールカウンセラー活用の具体的方法」　227

参考文献　240

第1章

学校に行くまでに やっておくこと

第 1 章　学校に行くまでにやっておくこと

1　スクールカウンセラーになるまで

♣1　心理専門職としての技能

　この本を手にする人は、スクールカウンセラーとして働くことになった初心者や、これからスクールカウンセラーになろうとしている臨床心理士・公認心理師、あるいはスクールカウンセラーを目指す学生、大学院生が多いのではないかと思います。

　そこでまず、スクールカウンセラーになるまでに、どのような準備をしておけばよいのかを述べていきます。文部科学省（当時文部省）によってスクールカウンセラーが学校に派遣されるようになったのは、1995 年からでした。当初スクールカウンセラーとして派遣される条件として、「臨床心理士」「精神科医」「大学の心理学教員」の 3 つのタイプが考えられましたが、実際のところはほとんど臨床心理士が派遣されるようになっているのが現状です。したがって、スクールカウンセラーにこれからなろうと考える人は、まず臨床心理士の資格をとる必要があるでしょう。その後、国家資格としての公認心理師が創設され、現在は公認心理師又は臨床心理士を持っている人が派遣されるようになっています。臨床心理士及び公認心理師になるには、指定された大学院（臨床心

12

理士は 164 校〔2021 年 4 月時点〕、公認心理師は 188 校〔2023 年 12 月時点〕）を修了する必要があります。現在、全国のほとんどの都道府県に指定された大学院があります。

指定大学院において臨床心理学を学ぶ際に、臨床心理士として身につけておくべき技能として、「臨床心理アセスメント」「臨床心理面接」「臨床心理学的地域援助」「臨床心理研究」の 4 つが挙げられます。一方、公認心理師養成においては、法律において、その職務として、「心理状態の観察、その結果の分析」（アセスメント）、「相談及び助言、指導その他の援助」（面接）、「関係者に対する相談及び助言、指導その他の援助」、「心の健康に関する知識の普及を図るための教育及び情報の提供」の 4 つが挙げられています。アセスメントと面接は心理臨床活動における基本的な技能です。カウンセリングにおいては、まずクライエントの抱えている課題が何であるのかを把握し、それに基づいて今後の予測を立てておく必要があります（心理アセスメント）。そのアセスメントに基づいて、実際に面接（カウンセリング）を実施していきます。

しかし、実際のスクールカウンセラーの職務内容としては、心理アセスメントや心理面接と同じくらい「臨床心理学的地域援助」の技能が必要です。具体的には、担任や養護教諭へのコンサルテーション、教職員に対して行う研修会、さらには保護者や地域への啓蒙活動としての講演会などのことを言います。これらの活動はまず、子どもや保護者へのしっかり

第1章　学校に行くまでにやっておくこと

としたアセスメントや面接を行うことで見えてくる部分であり、本来は心理面接などの経験をある程度積み重ねた上で、スクールカウンセラーとして勤務する方がいいのではないかと考えられます。

♣2　自分の臨床のスタイルと対象

　次に「自分はどのような臨床家を目指すのか」ということについて考えてみましょう。スクールカウンセラーにおいては、その対象となるのは児童・生徒であり、その保護者です。つまり、児童期の子どもの発達や思春期・青年期の発達の問題についての一定の理解が必要であり、またその保護者への対応についても一定の理解と経験が必要になります。したがって、まずは子どもと接して話をしたり、遊んだりすることが好きであるということが大前提です。自分が子どもと接したときに、その子どもに対して優しいまなざしで関わることができ、その子どもが背後に抱えていると思われるさまざまな不安や葛藤に思いをはせ、寄り添うことができることが大切になります。あるいは、わが子が不登校やいじめの対象になっている保護者に接し、その保護者の苦悩や怒りに対し思いを寄せ、その思いをしっかりと受け止めることができるかどうかもまた大切です。さらに、それらに加えて、コンサルテーションといった臨床心理学的地域援助の機能も重要になります。また、問題となるテーマも不登校やいじめをはじめ、

非行などの反社会的問題行動、夜尿・チックなどの神経症的な問題、発達上の問題から人格障害、精神的な疾患まで、非常に多岐にわたります。

したがって、自らの臨床の実践の場として、まず子どもやその保護者とのカウンセリングを多く経験しておくことで、学校での臨床にスムーズに入ることができ、さらには教師とのコンサルテーションもスムーズに行うことができます。児童・思春期の子どもへの理解が不十分でその経験も少ないと、スクールカウンセラーとしては苦労することが多いでしょう。

また、神経症圏のクライエントを主な対象とし、きちんと構造化された面接室でのカウンセリングをイメージしている人にとっては、スクールカウンセラーとしてカウンセリングを実施すると、なかなか同じようにはできない場合が多いので、戸惑うことも多いかもしれません。

つまり、これまでの自分の臨床のスタイルや対象が、スクールカウンセリングというものとどの程度合致し、またどの程度ずれているかということも、きちんと押さえておく方が、あとあと苦労をしなくて済むことになります。

♣3　なぜスクールカウンセラーをめざすのか

次に、なぜ自分はスクールカウンセラーになろうと思ったのかを考えてみることも、今後スクールカウンセラーを続けていく上で非常に意味があると思います。それは、心理臨床

15

家としての自分が、どのようなフィールドを希望するかを確認する作業であり、またスクールカウンセラーとして行き詰ったときに立ち返る自分の原点にもなるからです。

　ここで私の経験を少し述べてみたいと思います。私は1996年からスクールカウンセラーとして中学校へ行くことになりましたが、そのとき私の胸にあった思いは、「不登校への支援ができれば…」というものでした。それまで、不登校の子どもとのプレイセラピーや心理面接、またその保護者との面接（家族面接を含む）を実践する中で、不登校の子どもたちを何とか学校に復帰させるよい手立てはないものかと考え、さらに学校の先生方とも連携して、支援を行っていく適切な方法はないかと考えていました。そのような私にとってスクールカウンセラーという制度は非常に魅力的なものに映りました。

　スクールカウンセラーを目指す人の中には、自分自身が小中学校の頃に学校に行くのが嫌だったり（私自身もその傾向があったのではと今は感じていますが）、学校にうまくなじめないという体験をし、またそのとき、学校の先生にうまく対応してもらえず苦労したという人がいるかもしれません。あるいは、自分が学校に行きにくいときに、スクールカウンセラーの先生に助けてもらったという人がいるかもしれません。この不登校（傾向）の経験は、不登校の子どもたちを理解する上では貴重なものになる可能性はあります。ただそれは自分自身の体験であり、個々の不登校の子どもの思いやそ

の保護者の苦悩はまた別のものであるので、自分の体験にあまりひきつけたり、とらわれて考えない方がいいでしょう。また中には、自分の知っている学校の先生は子どものことをまったく理解してくれなかったので、その代わりにスクールカウンセラーとして子どもへの支援ができればという思いを持っている人がいるかもしれません。これは、自分が学校あるいは教師との関係をどのように体験してきたかという問題であり、学校の体制の問題や教師との関係のとり方が十分に機能していなかったという可能性もあります。このような「学校を変えたい」「先生を変えたい」、あるいは先生たちにもう少しきちんと子どもに関わってもらいたいという思いだけでスクールカウンセラーとして関わることは非常に危険です。それぞれの学校には長い歴史や文化があり、またそれぞれの教師の思いがあります。実際に派遣された学校が、自分が体験してきた学校のイメージや教師像とまったく異なるということも十分起こり得ることです。

　一方で、そこまで明確な思いやこだわりはなく、スクールカウンセラーの募集があったのでなんとなく応募してみたという感じの方も多いのではないでしょうか。また一定の給与がもらえるので、生活のためにスクールカウンセラーになろうと思っている場合もあるかもしれません。ただ、すでに述べたように、スクールカウンセラーという職種は、カウンセリングはもちろん、その他の研修会の講師やコンサルテーション、保護者への講演、緊急支援など多様な職務を要求され

第1章　学校に行くまでにやっておくこと

る仕事です。また当然のことながら、その給与に見合った専門性を要求されます。したがって、スクールカウンセラーとして求められる技能をできるだけ広く身につけ、また自分がなぜスクールカウンセラーを目指すのかを吟味しておくことも、スクールカウンセラーの仕事を続けていく上でとても大切なことです。

2 スクールカウンセラーになるための具体的な手続き

♣1　スクールカウンセラー制度のこれまでの経過

　スクールカウンセラーになるための具体的な手続きを述べる前に、まず現在のスクールカウンセラー制度そのものについて説明しておきましょう。

　当時の文部省がスクールカウンセラー活用調査研究委託事業をスタートしたのは1995年でした。その後、年ごとにスクールカウンセラーの数は増えていき、すべての中学校に配置されるようになりました（表1）。当初、スクールカウンセラー（学校臨床心理士）として任用の対象となったのは、いわゆる臨床心理士資格認定協会から資格を受けた「臨床心理士」、精神科の医師、あるいは大学の心理学関係の教員のいずれかでした。しかし、常勤として他の職場に勤務してい

2　スクールカウンセラーになるための具体的な手続き

表1　スクールカウンセラー制度のこれまでの流れ

1982 年	臨床心理士資格認定協会設立
1995 年	文部省によるスクールカウンセラー活用調査研究委託事業がスタート（各都道府県 3 校程度、予算規模 3 億円、全国 154 校でスタート）
1996 年	予算規模 11 億円になり、配置校も 553 校に
1997 年	予算規模 21 億円、配置校 1065 校
1999 年	スクールカウンセラー活用調査について、全国 3000 校を対象に、学校サイド及び保護者へのアンケート調査を実施、その結果「おおむね好評」の評価を得る。
2001 年	文部科学省が、2007 年までにすべての中学校にスクールカウンセラーを配置することを決定（スクールカウンセラー元年：ここから制度化スタート）
2007 年	スクールカウンセラー配置率　（約 80％）：臨床心理士の多い都市部では、ほぼすべての中学校に配置されたが、少ない地方の農村部では、50 ～ 60％の配置率
2008 年	中学校へのスクールカウンセラーに加え、新たに小学校 1105 校に配置。さらに、スクール・ソーシャル・ワーカー（SSW）配置を決定、全国 141 地域で配置
2010 年	中学校への配置が 8515 校に、小学校は 6412 校、高等学校 1001 校に派遣された。
2015 年	国家資格である公認心理師法が制定され、2018 年には第 1 回公認心理師試験が実施される。
2017 年	学校教育法施行規則の改正において、スクールカウンセラーの職務が、学校の職員の一員として法的に位置づけられる。
2022 年	小学校 17,592 校、中学校 8,928 校、高等学校 2,590 校、さらに教育支援センター等への派遣を含め、約 30,000 校の学校にスクールカウンセラーが派遣される。

る者にとって、週 1 日、8 時間を非常勤として勤務するのはかなり困難であり、結果として常勤の精神科医や大学教員ではなく、臨床心理士がスクールカウンセラーのほとんどを占

19

第1章 学校に行くまでにやっておくこと

めることになりました。それは現在も同じであり、スクール
カウンセラー全体に占める臨床心理士の割合は約8割になっ
ています。その後、臨床心理士の数が増え、各都道府県に臨
床心理士会がつくられるようになると、その臨床心理士会に
おいてスクールカウンセラーの研修会が行われるようになり、
スクールカウンセラーは臨床心理士の職務の中で重要な職域
になってきました。そして、複数の学会の連合体としてつく
られた日本臨床心理士資格認定協会から認定を受けた臨床心
理士が、研修と実績を積む中で、文部科学省や教育委員会か
らの信頼を得ることになり、多くの都道府県で、臨床心理士
会がスクールカウンセラー候補者の推薦を行い、その中から
教育委員会においてスクールカウンセラーとして採用される
ことがありました。その後、2017年9月に公認心理師法が
施行され、心理職として初めての国家資格である公認心理師
が誕生しました。そして、スクールカウンセラーの採用要件
の1番目に、この公認心理師が位置付けられるようになりま
した。

♣2　各都道府県によるスクールカウンセラーの採用方法

　スクールカウンセラーの採用については、都道府県ごとに
かなり事情が異なるので、すべてに共通することを述べるの
は難しいですが、採用の最終的な決定権は教育委員会にある
というのはどこの都道府県あるいは政令指定都市においても

同じだと思います。つまり、現在のスクールカウンセラー制度では、スクールカウンセラーとは各都道府県あるいは政令指定都市の教育委員会において、週8時間程度採用される非常勤嘱託の職員（会計年度任用職員）であるということです。ただ、現実的には1人のスクールカウンセラーが2～3校の学校を担当し、週に2～3日ほど活動をしているパターンが多いようです。スクールカウンセラーは任期が1年の非常勤職員としての採用であり、基本的には1年ごとに再任用されることになります。年末頃には次年度に向けての任用の説明会があり、毎年、任用のための登録手続きをすることになります。ただし、通常は1年で任期が終わるということはほとんどなく、1つの学校に3～5年ほど勤務し、希望をすればまた別の学校でその後も任用を続け、1年ごとに再任用を続けながら10年、20年とスクールカウンセラーを続けていくことになります。

🍀 3　心理職能団体と教育委員会

　すでに述べたように、スクールカウンセラーの任用については、多くの都道府県が、公募制で行っているところが多いようです。公募制とは、スクールカウセラーの採用に当たっては、都道府県や政令指定都市のホームページ等を通じて、広く採用方法等について公開し、募集を行い、面接等による選考が行われるものです。ただし、一定の実績があることや、

都道府県の臨床心理士会・公認心理師会の研修会等に参加していることが評価され、採用される場合もあります。

各都道府県の教育委員会のホームページを見てみるとそうした公募が出ているところがありますので、しっかりとチェックしておきたいところです。このようにスクールカウンセラーの任用のシステムについては、都道府県ごとに少しずつ異なっているので、詳しくはその地域の教育委員会に確認してみるとよいでしょう。

♣4　教育委員会による派遣先の決定

各都道府県の公募によって候補者が決まると、教育委員会では具体的に各候補者の派遣先を決める作業に移ります。

まず、その学校に派遣されて１〜２年目のスクールカウンセラーについては、原則として「継続」が基本です。一方、スクールカウンセラー自身の転職や転居により継続できない場合や、学校あるいはスクールカウンセラーの方から派遣先の学校の変更の申し出があった場合は、教育委員会の方で検討して変更するということもあります。しかし、多くはそのまま継続して任用を続け、３〜５年をめどに学校を変わっていくことが実際は多いようです。

また、新規にスクールカウンセラーとして任用を申し込んだ場合には、新規の派遣先の学校が何校あるかによって新たな採用者の数は決まってきます。数十名の新規申し込みがあ

り、その中で数名程度しか新規に採用・派遣できないということであれば、心理専門職としてのこれまでの実績やカウンセラーとしての技能、資質などを書面や面談により判断し、カウンセラーを教育委員会が採用するということになります。

　採用予定者が確定すると、次は派遣校との組み合わせですが、基本的にはこれまでのカウンセリングの継続性を考え、前年度まで派遣されていた学校に継続して派遣されることがほとんどです。新規の場合だけ、学校側の意向（カウンセラーの経歴や性別など）と本人の意向（勤務希望の地域、通勤交通手段、通勤時間など）の組み合わせにより決定されます。できるだけ双方の意向が合致するようにできればいいのですが、現実はすべての意向が受け入れられるということはなく、実際的には決まった派遣校にはどこでも行くというスタンスがスクールカウンセラーには大切です。

　採用の決定は電話による内々定の連絡か、文書による内定書が届きます。この時点で各学校への配置はすべて終わっていて、学校長への連絡も終わっている場合があります。したがって、この段階でカウンセラーの方からの急な辞退というのはできるだけ避けたいものです。ただ、現実的には年度末にかけてさまざまな就職の動きがあり、３月末ギリギリにならないと他の就職の採用状況がわからないという場合があります。また、次年度に出産で産休・育休をとる予定がある場合もありますので、その際はできるだけ早く、そういった事情を教育委員会に伝えておいた方がよいと思われます。さら

に、ごくまれに派遣先の学校が自分の住んでいる地域の近く
にあったり、自分の近親者がその学校に関わっていたりする
場合（例えば自分の子どもがその学校に通っている）、スク
ールカウンセラーとして多重関係が発生する場合があります。
その際はすぐに教育委員会に連絡して、事情を話して派遣先
の変更をお願いすることになります。それ以外の事情による
派遣先の急なキャンセルは、専門職としての信用の問題にも
つながり、また、それは1人のカウンセラーだけの問題では
なく、1つの派遣先の変更が玉突き状態になり、複数のスク
ールカウンセラーの派遣先が急きょ変更になるという事態に
もなりかねないので慎重に対応していくことが必要です。

3　活動を始める前にやっておくこと

　派遣先の学校が決まるのは、早くて2月から3月上旬です。
遅い場合は3月末に連絡が来ることもあり、4月からスクー
ルカウンセラーとしての勤務が始まる場合は、かなりギリギ
リのところで即座に対応していかざるを得ないことも考えら
れます。
　実際にスクールカウンセラーとして学校に勤務するのは新
学期の開始以降、4月中旬から下旬頃のスタートになります。
ここからは、それまでにやっておくべきことについて考えて

みましょう。

♣1 派遣先の学校について調べる

　スクールカウンセラーとして勤務する学校が決まり、教育委員会から内定書をもらったら、まずはその学校についてインターネットなどで調べることから始めましょう。最近は、ほとんどの学校がホームページを開設しており、かなり詳しい学校の概要が出ています。

　まず初めに、その学校の所在地を確認します。その学校がどこにあり、交通アクセスはどうなっているのか、どのくらいの通勤時間がかかるのかを確認しておく必要があります。

　そして、その学校の歴史や教育目標はどのようなものなのかを把握します。学校の規模（児童・生徒数やクラス数）、学校行事や活動の様子、学校の組織図や教職員の数など、最近は写真や図で紹介しているところも多いです。

　学校に入っていく場合、まず大切なのはその学校をどのように見立てるかという学校アセスメント（35頁参照）の問題です。ホームページを見ることで、まずその学校がどのくらいの歴史があり、またどのような地域の中にある学校なのかがおおまかに理解できます。例えば、農村部にある小規模の学校なのか、新興住宅地にある学校なのか、あるいはもともと漁業が中心の町だったところに新しい工場ができ、新興住宅が広がり、人口がここ数年でかなり増えてきて新しくで

きた学校なのかなど、学校の歴史的な情報を見ることでその学校の現状をある程度推測することができます。また、学校内の活動の様子を見ることで、環境教育に力を入れている学校、人権教育に取り組んでいる学校、あるいは教育相談に熱心に取り組んでいる学校など、学校ごとに研究課題を設定して取り組んでいる様子からその学校の特徴を理解することもできます。特に教育相談については、教育相談週間を設けて生徒へのアンケートを実施したり、個別の面談をしっかりと実施している学校もあり、こうしたことはスクールカウンセラーとしての活動にも参考になります。また、教育相談の活動の中に、スクールカウンセラーとの連携の問題が取り上げられている場合があり、前任者の昨年度の活動の様子がわかることがあります。これは次に述べる引継ぎの問題とも関連してきます。

♣2　前任者との引継ぎ

①前任者との連絡

　新たにスクールカウンセラーとして配置が決まったとき、まずその学校に前任者がいたのかを確認し、できればその前任者と連絡をとって引継ぎを行うようにします。しかし、現在多くの都道府県でスクールカウンセラーの配置が正式に決まるのは、3月上旬から中旬、遅いところでは3月下旬であり、すでに前任者がスクールカウンセラーとしての年度内の勤務

を終えている場合があります。また、学校の教職員異動の内示が３月中旬以降であることを考えると、学校側もそれまではあまり次年度の話は出しにくいという事情もあります。したがって、この３月中旬から４月中旬（できれば最初の出勤日の前）までの非常に短い時間で引継ぎを行わないといけません。

　そのような状況の中で、まず前任者が誰であるかを知る必要があります。これには、教育委員会や学校を通して知る方法と、都道府県の臨床心理士会を通して知る方法があります。スクールカウンセラー配置の内定書などをもらった際に、その学校の前任者を教えてもらったり、配置が決まった学校にあいさつの電話をして、その際に前任のスクールカウンセラーについて聞いたりすることができます。また、多くの都道府県の臨床心理士会ではスクールカウンセラーの部会などを持っており、研修会を行っています。そこにスクールカウンセラー配置の一覧表があり、それで前任者の名前を知ることもできます。年度末、年度初めという学校が非常に慌しい時期を考えると、むしろ臨床心理士会を中心にして専門家同士としての引継ぎを行う方がスムーズに進むようです。私の所属する京都府臨床心理士会のスクールカウンセラー部会では、毎年４月の第１週もしくは第２週目の週末にスクールカウンセラーの全体会が行われており、そこで多くの人が引継ぎを行っています。

　いずれにしても前任者がわかった時点で、できるだけ早く

連絡をとり、どこでどのように引継ぎを行うかを確認する必要があります。連絡先の把握は、臨床心理士会や公認心理師会などの職能団体における情報から得ることができる場合があります。あるいは学校に直接尋ねてみることも一つです。

②引継ぎの方法

前任者と連絡がとれたら、できれば直接会って話ができるように依頼します。転居や時間の都合でそれが難しいようなら電話やメール、文書となりますが、メールは情報のセキュリティの問題もあり、できれば避けたいところです。文書は、引継ぎ用の書類としてまとめてもらい、配置校のカウンセリングルームの鍵のかかる引き出しなどスクールカウンセラーのみが使えるところに置いておいてもらってもよいでしょう。

③引継ぎの内容

前任者に直接会うことができたら、まずは前任者がどのような活動を行い、どのように学校を見てきたかなど、全体的な話を聞いていきます。その上で最初に確認しておくことは、引継ぎのケースがあるかどうかです。スクールカウンセラーは3～6年で異動することが多く、その際、クライエントには「後任のカウンセラーが4月には来ます」と伝えている場合が多いです。そのようなケースでは、これまでの活動の経過や学校内での連携、また今後残された課題などをしっかりと確認し、引き継いでいきます。

3　活動を始める前にやっておくこと

　次に前任者に確認すべきことは、学校内でのキーパーソン
になる「窓口」の先生は誰であり、その先生とこれまでどの
ような情報のやりとりをしてきたのか。さらに前任者が活動
をする上で役に立った教職員との関係、例えば、養護教諭や
学年主任に理解があって助かったこと、あるいは用務員さん
とお昼を一緒に食べたりしていろんな話が聞けたことなど、
これからスクールカウンセラーの活動を行っていく上で参考
になるが、なかなか校務分掌上では表に出てこないカウンセ
ラーとしての関係性や資源といった情報も得ておくことが大
切です。また、カウンセリングルームの使い方（昼休みの開
放や生徒との面接）なども確認しておきましょう。

🍀 3　教育委員会によるオリエンテーション

　派遣先が決まって実際に学校に行くまでに、教育委員会に
よる SC 連絡会（あるいは説明会、オリエンテーションな
ど）が行われることがあります。
　年度初めにあたり、スクールカウンセラーとして 1 年間任
用する節目ですので、そのための辞令交付やその市町村で勤
務するスクールカウンセラー全体への説明会があってしかる
べきと考えますが、実際の運用は各都道府県や政令指定都
市・市町村の事情によって異なります。
　ある市の例を見ると、4 月の上旬にスクールカウンセラー
連絡会が行われ、その市に採用されたスクールカウンセラー

29

の紹介とともに、派遣先の教育相談担当者との顔合わせ・打ち合わせが行われたりします。初めにその自治体のスクールカウンセラー任用における基本的な活用の方針が、市全体の教育政策とともに示され、スクールカウンセラーとして期待される活動やその効果などが話されます。さらに、市の関係する教育相談センターや教育支援センター（適応指導教室）との連携のとり方などについての説明等があります。

　スクールカウンセラーは、各都道府県や市町村の教育委員会による任用なので、その市町村の中の行政サービスの一端を担っているという意識もスクールカウンセラーにとって重要な視点です。そのことは例えば、地域で子どもを含んだ交通事故や震災などが起きたときに、教育委員会が中心になって子どもへの支援を行う上で、スクールカウンセラーも必要に応じてその支援に協力することを求められることがあります。

　スクールカウンセラーとして初めて新しい学校に勤務するのはかなり緊張することですので、事前にこのように学校側との情報交換や打ち合わせができるのは非常に助かることです。

　ただし、これはある市町の場合であり、辞令交付や説明会は先に述べたように各教育委員会で異なります。場合によっては、事前の説明会なしで４月に直接学校に行くことから活動をスタートするということも考えられます。そうした場合でも、できれば事前に学校に電話をかけて、新しくスクール

カウンセラーに任用された旨のあいさつの連絡や、いつから
勤務したらよいかの確認を必ずしておく方がよいでしょう。

第2章

初めて学校に行く

第2章　初めて学校に行く

　本章では、スクールカウンセラーとして初めて学校に行ったとき、どのような人に会って、どのようなことを確認しておく必要があるか、またどのような人と関係を築き、さらには自分のいる場所としてどのようなところがあるのかを説明していきます。今述べたことはまさにスクールカウンセラーとしての「居場所」を確保することであり、それは人間関係における心理的な空間としての居場所であり、さらには日常を過ごし、面接をしたり食事をしたりする物理的な空間としての居場所でもあります。この居場所をより確かなものにしておくことが、今後のスクールカウンセラーとしての活動を行う上で重要になってきます。

1　最初にあいさつする人たち

♣ 1　校長先生へのあいさつ

　初めて担当する学校に行き、校門で来校を告げた際、校長先生や教頭先生が挨拶に来られる場合があります。その後、そのまま職員室に通される場合もありますし、校長先生が出てこられてそのまま校長室に通される場合もあります。校長室に通されたら、そこであいさつをして、校長先生から学校の現状や課題、児童・生徒の様子やスクールカウンセラーに

期待されることなどを聞きます。

　そのまま職員室に通された場合は、教頭先生が中心になって説明をしてくれる場合が多いです。仮に、校長先生とは事前に顔合わせが終わっているという場合でも、できればその日のうちに一度、校長室を訪ねて校長先生にあいさつをしておいた方がよいでしょう。

　学校はさまざまな出来事がおこり、それに対する取り組みが行われていますが、その最終的な判断や責任は学校長にあり、スクールカウンセラーの活用を含めて学校の基本的な方針を決めるのは校長先生の権限になります。したがって、今その学校において何が一番の課題であり、どのようなことに力を入れているのか、そのために具体的な手立てとして学校は何をしようとしているのかは、校長先生に聞くのが一番適切であり、また全体をよくつかむことができます。そのような状況の中で、スクールカウンセラーにどのようなことが求められているのかが、校長先生の口から語られることもあります。

　学校を「支援」の対象とし、その学校がスクールカウンセラーに何を期待し、何を求めているのかは、まさにクライエントの主訴にあたる部分であり、学校のアセスメントにおいて非常に重要な部分になります。これは「学校アセスメント」と呼ばれる部分です。例えば、その学校が発達障害の児童生徒への対応に困っているのか、非行やいじめの問題にカウンセラーとして関わってほしいと考えているのか、若い先

第2章　初めて学校に行く

生が多い学校なので教職員への支援としてコンサルテーションに力を入れてほしいのか、あるいは保護者からのクレームや相談が多いので保護者への対応をお願いしたいと考えているのかなど、学校によってスクールカウンセラーに期待されることはそれぞれ異なります。

　このように、学校側からスクールカウンセラーへの要望がはっきりしている場合もありますが、中にはスクールカウンセラーに何を求めているのか、まったくつかめずに時間だけが過ぎていくという場合もあります。そのようなときには、まず校長先生に会いに行って学校の現状を聞くとともに、スクールカウンセラーの思いを伝え、さらに学校としてスクールカウンセラーをどのように活用しようと考えているかを詳しく尋ねてみることが必要になるかもしれません。ただ、初めからスクールカウンセラーの活用について明確な方針が立てられていない場合もあり、校長先生にそれを尋ねてもすぐには方針が示されないこともあり得ます。

　いずれにしても、校長先生は学校での活動の基本的な方針を決定する立場であり、また最終的な責任者でもあるので、少なくとも学期内に数回は校長室を訪ねて、活動の現状を報告したり、今後の活動の方向について考えを述べるとよいでしょう。そのような活動の中で、お互いに少しずつスクールカウンセラーの活用の方針が明らかになってくることもあります。

2 教頭／教務主任／学年主任／生徒指導主任との関係

　職員室で一番前の席に座って、ほとんどずっと職員室にいるのは教頭先生です。教頭先生は校長先生とともに学校全体の管理・運営に関わる管理職の1人です。また、スクールカウンセラーの勤務の管理やカウンセリング室の備品など、経費に関することも担当されています。しかし、何と言っても教頭先生は、常に職員室におられ、すべての子どもたちの様子や教職員の動き、学年の関わりといった学校全体の動きを一番見ている立場です。したがって、教頭先生と話すことで、学校や学年のさまざまな動きや課題などが見えてくることがあります。また、スクールカウンセラーの活動の現状や今後の予定について相談することで、管理職としての考えや意見を聞けたり、必要に応じてスクールカウンセラーの活用について学年や生徒指導部、教育相談部に指示を伝えてもらうことができます。私自身の経験としても、教頭先生とは職員室で最も接する時間が長く、また実際の活動においてもお世話になることが多かったと思います。小・中学校では担任や教科の先生は授業や生徒指導のために職員室にいないことが多く、必然的に教頭先生と話をする機会が増えます。また教頭先生の方からも、管理職としてスクールカウンセラーの活動についてかなり気にかけ、どれだけの相談が入っているか、先生たちとはどの程度話ができているかを聞いてこられます。したがって、教頭先生と気軽に話せる関係をつくっておくと、

スクールカウンセラーとして職員室にいる居心地はかなり楽になり、結果として他の先生方との関係にも影響してきます。

　教頭先生の次によく職員室にいるのは教務主任の先生です。教務の先生は学校全体の時間割や行事日程の管理をしています。教務主任は基本的にいずれかの学年に所属し、一般の教師と同じように授業や生徒指導などにも関わります。また最近は、主幹教諭として、副教頭や教務主任という立場で、管理職の一員として機能することが求められるようになっています。特に教務主任の先生は、これまで生徒指導主任や学年主任などを経験した方が多いので、生徒指導上の問題や学年の動き、保護者への対応といった難しい問題についても、いろいろと相談することで有益な情報や有効な対応を教えてもらえることが多いです。

　スクールカウンセラーはしばしば教育相談や児童・生徒理解のための研修会を依頼されたり、あるいはこちらから提案して実施することがあります。夏休み中に行われる教員研修の一環として教育相談の研修が組み込まれる場合、あるいは職員会議のある曜日に時間をとって研修が行われる場合もあります。いずれにしても、研修の計画を立てていくのは教務主任の役割です。教育相談主任とも連携をとりながら研修の計画を立てるのに、教務主任との関係は重要になります。

　一方、スクールカウンセラーの活動に直接関わり、児童・生徒や保護者との面接に関係するのは各学年の学年主任や生徒指導主任の先生です。学校は常に組織として一貫した対応

を求められ、その内容は学校長を中心とした運営委員会（企画委員会と言われる場合もあります）において確認・決定され、生徒指導上の問題は生徒指導主任を通して各学年に伝えられることになります。特に中学校においては、学年単位で動くことが多く、その要になるのが学年主任です。各学年の不登校の現状や非行問題の現状、保健室に登校している生徒の様子やその保護者への対応など、学年主任がその学年全体を把握しているので、まずは学年主任と連携をとることが重要です。

　さらに、生徒指導主任は学校全体の生徒指導に関わり、スクールカウンセラーの活動に直接関係する不登校の問題をはじめ、いじめや生徒間暴力・対教師暴力、別室対応などを担当しています。スクールカウンセラーの校務分掌上の配属が生徒指導部ということも考えられるので、その際は生徒指導主任と密に連携をとって取り組んでいくことになります。また、スクールカウンセラーの参加する会議として、生徒指導部会に出席することがあります。その際は生徒指導主任がその会を開催することになり、スクールカウンセラーは生徒指導主任を窓口として会議に参加します。教育相談をはじめ、不登校の問題やいじめ、自傷行為、暴力、授業エスケープなどの課題のある生徒の問題は、基本的には生徒指導部会において検討され、その中心にいるのが生徒指導主任です。実際にスクールカウンセラーの活動のほとんどが生徒指導上の課題のある生徒やその保護者に関することであり、生徒指導主

第2章　初めて学校に行く

任との関係はそうした意味でもスクールカウンセラーの活動の要となる部分です。

♣3　コーディネーターとの関係と位置づけ

初めて学校に行き、管理職や生徒指導主任と話をした後、その学校におけるスクールカウンセラーのコーディネーター（窓口教員：スクールカウンセラーと教職員との間をつないで連携をとっていく担当の先生）は誰であるのかを確認しておきます。前任のスクールカウンセラーがいる場合は、そのときのコーディネーターがそのまま引き継ぐという場合が多いと思われます。

コーディネーターになる先生は教育相談主任がなることが多いです。他にも生徒指導主任、養護教諭、教務主任、教頭などがなる可能性も考えられます。コーディネーターに求められるものとして、次のようなことが挙げられます。

①理解度：スクールカウンセラーの制度的な枠組みやその活用方法・意義について理解しているか

②全体の把握：学校における児童・生徒の全体的な現状をどこまで把握できているか

③伝達力：スクールカウンセラーの活用における基本的な方向性を示し、それを各担任や学年に伝えることができるか

④子どもとの距離：児童・生徒やその保護者に直接接する機

40

会があるか

⑤時間的余裕：スクールカウンセラーと定期的に連携して情報交換していく時間的なゆとりがあるか

　これらの条件を、私の体験をもとにそれぞれの立場の教師に当てはめてみると、表2のようになります。

　いずれも一長一短があり、この立場の先生でなければならないということはありませんが、その学校ではコーディネーターとしてどのような教師が配置されており、その教師が①〜⑤の条件に対して実際にどうであるかをまずは確認していくことが必要です。つまり、その先生がコーディネーターとしてスクールカウンセラーの活用にどの程度の理解があるか。

表2　　コーディネーターの立場による違い

	① 理解度	② 全体の 把握	③ 伝達力	④ 子ども との距離	⑤ 時間的 余裕
教育相談主任 （担任）	◎	○	○	○	○
教育相談主任 （養護教諭）	◎	△	△	○	◎
生徒指導主任	○	◎	◎	○	△
学年主任	○	△	○	○	△
教務主任	○	○	○	△	△
教頭	○	◎	◎	△	○

◎非常に良い　　○良い　　△十分ではない

学校全体の児童・生徒の様子をどれだけ把握し、また全体に対して一定の方針を伝えることができるか。さらに実際に子どもとどの程度接していて、子どもやその保護者の様子を具体的に理解し、スクールカウンセラーと時間をとって検討するだけの余裕がどの程度あるのか。こうしたことへの理解がコーディネーターとの連携にとって、まずは大事になってきます。

　このような視点を頭に置きながら、できるだけコーディネーターの先生と話をし、こちらの考えやコーディネーターとして考えておられることを十分に聞いていくことで、関係をつくっていくことが先決です。そして今後、スクールカウンセラーとして進めていくさまざまな活動は、ほぼすべてコーディネーターの先生との連携によって進められることになります。

♣4　職員室で出会う先生たち

　その他、職員室にはさまざまな先生がいます。担任の他に、副担任の先生、新任教師の指導者として入っている先生、生徒指導の加配として入っている先生、さらには不登校や特別支援教育の支援員として入っている学生ボランティアや地域の方などが考えられます。初めは誰がどの先生で、どのような役割を担い、またいつ来ているのかもわからないことが多いですが、何回か勤務するうちに次第に顔と名前を覚えてい

くことができます。また近くの先生やコーディネーターの先生に尋ねて教えてもらうことで、学校全体への理解が深まります。

2　職員室を知る

♣1　スクールカウンセラーの席に座ってみる

　初めて学校に行ったら、まず職員室に案内されることがほとんどです。たいていの場合、「ここがスクールカウンセラーの席ですよ」といった形で専用の席が用意されている場合が多いです。ただしその席が、スクールカウンセラーのためだけのものなのか、あるいは他の曜日には学生ボランティアや非常勤の先生方が使う可能性があるのかを、忘れずに確認しておく必要があります。なぜなら、もし他の人と共用する場合、スクールカウンセラーの予定表や記録の保管などの管理に問題が生じることがあるからです。

　また仮に、スクールカウンセラー専用の席として用意されていたとしても、パソコンやプリンター、さまざまなファイルが置かれていたりして、いわゆる「物置」として使われているという場合があります。確かにスクールカウンセラーの勤務は基本的に週に1回であり、その他の日はほとんどその

席が使われないので、他の先生が使われたり、荷物を一時的に置いたりする可能性もあります。しかし、この場合もスクールカウンセラーの勤務する日はきちんと専用の席として使えるようにお願いしておきましょう。スクールカウンセラーの机に勝手に座られ、勝手に引き出しが開けられるということにならないように、できるだけ専用の席として確保しておきたいものです。もっとも、学校によっては職員室が狭く、席も十分にないということも考えられますので、場合によっては他者との共用もやむを得ないことであり、最終的には柔軟な対応をしていくしかないこともあります。

　また、スクールカウンセラーの席はスクールカウンセリング室にあるので、職員室には特に置いていないという学校もあります。確かにスクールカウンセラーは、カウンセリング室にいて面接をしたりすることがよくありますが、それが活動のすべてではありません。多くの先生と接し、コンサルテーションを行っていく上でも、職員室における座席は必要不可欠であり、スクールカウンセラーが勤務した日には専用でなくても構わないので、ぜひ優先的に座れる席を職員室に用意してもらうようにお願いしてみましょう。職員室におけるスクールカウンセラーの席は、単に座る場所というだけでなく、その学校におけるスクールカウンセラーの居場所としても重要な意味を持ってきます。

　まずスクールカウンセラーの席に座って、周りを眺めてみましょう。前の方に教頭先生や教務主任の先生の席があり、

その教頭先生の後ろには、行事予定表の書かれた大きな黒板があります。スクールカウンセラーの席は、出入り口付近なのか、あるいはそこから遠い奥の方なのか、また、列ごとに並んでいる職員室の机の中で、どのあたりに位置しているのかを見ておきましょう。

♣2　職員室の机の配置を見る

　中学校における職員室の机の配置は、学年ごとにまとまって「列」や「島」として配置されていることが多いです。例えば正面から見て縦に3列並んでいるのであれば、それぞれが1年、2年、3年の学年ごとに集まっているというような形になります。各学年は学年主任を中心に、各クラスの担任と副担任がペアになるように座っており、その周りにその学年に配属になっている養護教諭や生徒指導主任などが加わります。（次頁、図1）

　前方の教頭先生を中心として、各学年の先生の机がどのようなまとまりとして配列されているか、そしてスクールカウンセラーの机は、その中でどの学年のまとまりとして配置されているかを確認しておきます。スクールカウンセラーは学年としての動きというよりも、むしろ学校全体に、学年を超えて関わることが多く、ある特定の学年を中心に関わるようなことはありません。ただ多くの場合、コーディネーターである教育相談主任や生徒指導主任の近くに席が置かれること

45

第2章　初めて学校に行く

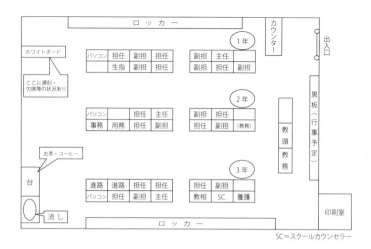

図1　職員室の配置の一例

があり、所属としてはそのコーディネーターの先生が配属されている学年になることが多いです。どの学年に所属するかという点は、スクールカウンセラーにとってはそれほど大きな意味はありませんが、中学校では学年団として動くことが多く、例えば学年ごとに懇親会を開いたり、学年全員でお金を出し合ってお茶やコーヒーなどを購入したりするという場合などは、スクールカウンセラーも自分が所属している学年に参加させてもらうことになります。

　所属する学年の先生とは席も近く、よく話をしたりして関係もできやすいですが、少し離れた学年の先生方とはなかなか話しにくかったりするなど、いろいろなことが考えられ、どの学年に所属するかということはスクールカウンセラーの

活動としては重要ではないにせよ、活動に影響を与えること
もあります。

♣3　職員室の掲示物を見る

　職員室で自分の席を確認するとともに、周りの掲示物や黒
板などにも目を向けてみるといろいろなことがわかります。
先ほど述べたように、職員室の席は学年ごとにまとまりになっ
って配置されていますが、その席が誰の机であるのか、見取
図にして氏名入りで壁などに貼ってあることがあります。そ
れを見ると、一目でより具体的に職員室の教師の配置がわか
ります。また同様に、各学年の役割分担、例えば学年主任や
生徒指導（補導）の担当、生徒会活動の担当や人権教育の担
当など、それぞれの学年の中での細かな役割が一覧として掲
示してあることがあります。それらを見ることによって、各
学年のそれぞれの動きや各先生の特徴などが見えてきます。
また、それらを全体的にまとめた校務分掌の一覧が後ろの方
に貼ってあることがあります。この校務分掌の一覧はスクー
ルカウンセラーの活動において非常に重要な情報であり、も
し掲示されていないようであれば、コーディネーターの先生
か教頭先生にお願いして見せてもらい、そのコピーを手元に
置いておくと後々の活動に役立ちます。

　その他さまざまな連絡事項や打ち合わせの内容などが掲示
されていたり、メモ書きされていたりしますので、少し職員

室の中を動き回って眺めるだけで多くの情報が得られます。ただし、個人情報に関わる内容もありますので、あまり個別のことに深く関わらずに、軽く眺めるぐらいで十分です。いろいろな先生と雑談をしながら職員室を動けるようになるとさらによいと思います。

　スクールカウンセラーにとって、職員室の掲示の中で特に重要になってくるのは、欠席や遅刻に関する情報です。学年ごとに、あるいは全体をまとめてホワイトボードなどにその日の欠席者や遅刻の生徒の名前が書き込まれています。学校にとって生徒が欠席したり遅れてきたりするのは重要なことです。保護者や本人から欠席や遅れる理由の連絡があればよいのですが、連絡もなく欠席となると、担任としては必ず家庭に連絡を入れる必要があり、場合によっては家庭訪問をする事態になることもあります。つまり、こうした出来事は子どもの不調のサインであったり、不登校の兆候であったりするのです。したがって、ホワイトボードに書き込みがあった生徒の中で、名前を頻回に見かけたり、欠席が長期に続いている様子であれば、スクールカウンセラーとしては担任の先生に話を聞いてみる可能性を考慮しながら、重大な関心を持ってそのような情報を見ておくことが必要です。

　このように、職員室にある掲示物やホワイトボードなどを見ておくことで、学校や学年の様子、さらには不登校傾向の生徒の様子などを少しずつ感じることができます。そしてこのことが、後にコーディネーターや担任との連携において重

要な情報になってくることがあるのです。

♣4　職員室での人の動きを見る

　職員室に1日座っていると、さまざまな人の動きを見ることができます。その動きによって、大まかな学校の対応や体制について理解することができます。

　実際に職員室にやってくるのは生徒か保護者ですが、たまに出入りの業者の人がやってきます。学校は思ったよりもさまざまな人が出入りしている場所であり、学校内の補修工事をしている工事関係の人や備品・消耗品などを搬入する業者の人が訪れ、ほとんどの場合は教頭先生が対応をしています。

　生徒の場合、集めたノートを持ってきたり、欠席したときに配布されたプリントをもらいにきたりします。その際、扉の前で先生の名前を言って入ってくるのですが、それに対して担当の先生がすばやく対応される場合もありますし、不在の場合は同じ学年の先生が対応をされます。そのような先生と生徒のやりとりを注視することで、その学校で先生方がどのように生徒と関わり、関係をつくってきているか垣間見ることができます。

　生徒の中には少しやんちゃな感じの印象で、職員室の奥の方まで入ってこようとしたり、大声をあげて騒いだりする生徒もいます。そのような生徒に対して、どの先生が対応しているのか、またどのように対応しているのかを見ておくと

後々参考になります。多くの場合は、担任や学年の生徒指導の担当教師、学年主任などが対応し、職員室の奥まで勝手に入ってこないように注意し、どのような用件できたのかを確認しながら、上手に話を聞いて生徒の気持ちを受け止めながら、教室に戻るように促していきます。そのとき、厳しく対応していく場合と、できるだけ本人の話を聞いて受け止めることを重視して対応する場合が考えられます。つまり「父性的な対応」と「母性的な対応」であり、これは生徒指導において両方ともに必要なものなのですが（角田、2009）、その学校において、あるいはその先生がどちらに重きを置いて関わっているかを見ておくことで、その学校や先生なりのスタンスや考えが見えてきます。

　もう1つの大事なシチュエーションは、校内のガラスが割れたり、生徒や教師に対する暴力など突発的な事件が起こった場合です。そのような出来事が起こると、職員室の多くの先生が職員室から飛び出していきます。そして、状況や経過の確認を行い、今後の対応を検討します。生徒に直接対応する先生以外は職員室に戻り、状況を教頭先生に報告したり、また今後の対応について話し合いが行われたりします。この後の授業の担当、問題の生徒への指導、クラスへの指導、場合によっては保護者への連絡など、学年主任を中心にさまざまなやりとりが行われます。その様子をつぶさに見ることで、その学年の連携やそれぞれの先生の役割などが見えてくることがあります。

他にも、不登校傾向の生徒が2〜3時間目ごろに遅れて職員室にやってきて、先生がすぐに別室へ連れていく場合などがあります。その際、少しでもその生徒の顔を見ておくとその子のイメージが湧きやすくなり、また近くの先生に「今の生徒は？」と尋ねてみると有用な情報が得られるかもしれません。別室登校の生徒は、ほとんどの学年や学校全体で情報が共有されていることが多いので、「今の生徒は〇年△組の□さんです。ここ1カ月ぐらい別室登校をしています」といった話が聞けるかもしれません。不登校や別室登校の生徒は、今後スクールカウンセラーとして関わりを持つ可能性が高いので、少しずつ関心を持って情報を得ておくと、今後の連携の際にとても役に立つことが多いです。このように職員室に座っているだけでも多くの生徒や先生に関する情報を得ることができ、さらには学年や学校の体制についての理解を深めることができます。

3 学校内を歩いてみる

♣ 1 学校内を歩く前に留意すべきこと

職員室で机の配置や先生の動き、また掲示物などを眺めてみたら、次に校内を歩いてみることをお勧めします。

第2章　初めて学校に行く

　ただし、勤務初日や間もない頃には全生徒に対してスクールカウンセラーのことが十分に知らされていない可能性があります。したがって、生徒との接触はできるだけ少なめにし、尋ねられたら名前と職名を伝えるぐらいにしておく方がいいでしょう。

　また、校内を回る際は授業中である場合が多いので、授業への影響がないように、またエスケープなどで教室を飛び出している生徒と不用意に接触してトラブルを招いたりすることがないように注意する必要があります。

　その学校の落ち着きの度合いにもよりますが、誰かが廊下を歩いたり、教室をのぞいたりするだけで生徒がそちらに関心を向け、授業に集中できなくなったり、勝手に廊下に出て話しかけてくる場合が考えられます。そして、見知らぬスクールカウンセラーに関心を示し、カウンセラーなら話を聞いてほしい、カウンセリング室に行ってみたいというようなことを言われる可能性もあります。しかし、十分な相談の体制やシステムができあがっていない中で、安易に相談に乗るのは非常に危険です。臨機応変にあいさつ程度で済ませ、不快な印象を持たれないようにしながらさっと切り抜けるのが大切です。また、他の人に授業中の教室をのぞかれるのを極度に嫌がる先生もおられます。スクールカウンセラーの方が意図していなくても、授業が中断したり、教室がざわついたりするのを不快に思われる場合もあります。

　したがって、校内を歩いてみたいときには、まずはコーデ

ィネーターの先生か教頭先生に校内を回りたい旨を伝えてみましょう。そのとき、「自由に回ってもいいですよ」と言われる場合もあれば、「今は〇年生が落ち着かないので控えてもらいたい」という場合や、「では一緒に回りましょう」と教頭先生が案内して回ってくれる場合もあります。このように校内を歩くというだけでも多くの状況が考えられ、そこからまたその学校の現状が見えてきます。

♣ 2　廊下の掲示物やすれ違う生徒の様子

　学校の了解を得て校内を回る場合でも、まずはできるだけ教室から離れた静かなところから回る方がいいでしょう。例えば特別教室（音楽室や理科室）のある廊下や保健室、事務室のある廊下などです。廊下や階段を歩きながら、そこに貼られている掲示物を見ていくと、今その学校でどのような目標に向かって、どのような取り組みがなされているのかを知ることができます。例えば朝の読書に取り組むポスターが貼られていたり、ベル着週間（ベルが鳴るまでに着席して授業の用意をする）のポスターがあったり、生徒会活動の標語が貼ってあったり、さらには各学年の美術や習字の作品が貼ってあったりします。これらの掲示物がきちんと貼られているのか、場合によっては破れていたり、ピンが外れて斜めになっていたりすることもあります。あるいは、そうした掲示や展示が多くされているか、あるいは学校内にそのようなもの

があまり見られないか、などを見ていきます。掲示物を貼ってもすぐに破られたり、剥がされたりするような学校では、必然的に掲示物は少なくなります。

　掲示は、学校における重要な伝達手段であり、生徒会活動が活発な証であったり、先生から子どもたちへの意識づけやメッセージであったりします。したがって、そのようなポスターや標語、さらに生徒の作品などがきれいに貼られていることは、それだけ活発にさまざまな取り組みを行い、それをきちんと評価し、伝えていこうという思いの表れであると考えられます。

　また、掲示物には、クラス全員の絵や将来の夢を書いたカードなどが貼られていることがあり、その中で、担任との話で名前の出ている気になる子どもの作品などを見ておくことも大切です。（171頁参照）

　このように掲示物の様子からでも、その学校や学年の取り組み、また学校全体の様子などをうかがい知ることができます。

♣3　保健室や事務室・用務員室をのぞいてみる

　次に保健室や事務室・用務員室をのぞいて、まずは自己紹介とあいさつをしておくことが必要です。特に保健室におられる養護教諭とは、今後さまざまな形で関わることが多いので、この最初のあいさつでどのような印象を与えるかがとて

も重要になります。できるだけていねいに、友好的な姿勢で
あいさつをし、そこでフランクに話ができれば、スクールカ
ウンセラーの活動にとってまずは第一段階をクリアーしたと
いっても過言ではありません。その理由は、スクールカウン
セラーの活動にとって子どもの出欠の状態や体調不良、授業
を抜けて保健室に来るといった情報は非常に貴重なものだか
らです。それは保健室にいる養護教諭の先生が一番よくわか
っていることであり、その先生とうまく連携がとれ、保健室
の様子について情報交換できるようになると、その学校にお
ける不登校や不登校傾向、さらには問題行動を起こす子ども
の詳しい情報を得ることができます。このことは、スクール
カウンセラーが子どもやその保護者、さらには担任の先生と
関わっていく際の重要な指針になります。

　また、養護教諭は「学校全体の児童・生徒に関わってい
く」「身体的な健康管理を行うとともに、精神的な健康につ
いても理解があり、支援を行っている」「学内では教科を教
えたり、成績をつけたりすることはない」といった点で、ス
クールカウンセラーの立場とかなり共通するところがありま
す。したがって、養護教諭と話をすると、同じような立場と
して非常に共感し合い、意気投合するという場合があります。
ただし、あまりにも養護教諭と親しくなったり、保健室にば
かりいるようになるのは好ましいことではありません。その
点はバランス感覚が常に重要になります。

　次に、事務職員さんや用務員さんとの関係ですが、スクー

第2章　初めて学校に行く

ルカウンセラーの活動として連携して何かすることはほとんどありません。しかしながら、スクールカウンセラーの活動のしやすさにとっては大切な存在です。つまり、事務職員さんにきちんとあいさつしてこちらの立場を理解してもらっていると、事務室に何か事務用品をもらいに行ったり、書類を作成したりする上で力を貸してもらえることがあります。また用務員室にはお茶やコーヒーが置かれており、スクールカウンセラーが用務員室で昼食をとることもあります。用務員さんと友好的な関係を持っていると、食後にコーヒーをいただきながら、さまざまな話をして違った視点から見た学校や生徒の情報を得ることができます。さらに、事務職員、用務員ともに学校内では教師とは少し異なる立場にあり、その意味でもスクールカウンセラーの立場に近く、より友好的に接してもらえる場合があります。ただし、友好的といってもあくまでも学校内における1人の職員（スタッフ）という立場は忘れないようにし、安易に個人的な相談に乗ったり、物をもらったりすると、個人的な感情（好意）をむけられたり、学内のさまざまな人間関係に巻き込まれたりする可能性があるので、適度な距離をとることを常に心がけておくことが必要です。

♣4　カウンセリング室の位置を確かめる

校舎内を見ていく上で最も大切なのは、言うまでもなくカ

ウンセリング室を確かめておくことです。職員室からカウンセリング室までどのくらい離れているのか、また先に述べた保健室や用務員室・校長室あるいは各学年の教室とはどのくらいの距離なのかを確かめておきます。これは、カウンセリング室が学校内でどのような位置にあるかを見ることであり、この実際の位置関係がスクールカウンセラーの活動する上での位置づけにも関係してくることがあるからです。例えば職員室からかなり離れた誰も通らないようなところにカウンセリング室があるというのでは、子どもたちの目に触れることも少なくなり、行ってみようという動きにつながりにくくなります。逆に、教室のすぐ隣にあり、子どもたちの声や授業の様子がよく聞こえたり、部屋の前を大勢の生徒が常に通っていたりするというのでは、カウンセリング室としてはあまりふさわしい場所とは言えません。できれば、職員室や保健室ともそれほど遠くないところで、生徒の往来もそれほど多くないところが一番適していると思います。保健室の近くであれば、当然連携はしやすくなり、生徒にとっても目にしやすい場所と言えます。

　ただ、カウンセリング室の場所については、それぞれの学校の事情があり、例えばカウンセリング室のあるフロアが２年生の学年のフロアであった場合、２年生は近くを通るが他の学年はほとんど通らないということも起こり得ます。このように、学校の中でカウンセリング室がどのような位置にあるかを見ておくことで、これからの活動の大まかな方向性を

第2章　初めて学校に行く

考えることができます。

♣5　校舎の周りを歩いてみる

　最後に、建物の外に出て、校舎の周りや中庭を歩いてみるのもいいかもしれません。校舎の周りや中庭には花壇や木があり、体育館やグランドへとつながっています。体育館やグランドでは体育の授業や、放課後には部活動が行われています。生徒の様子を見てみると、自分たちで考えて練習をやっていたり、先輩が後輩にきちんと指示を出して練習したりしています。また、すれ違う生徒があいさつをしてくれたり、生徒同士で話している様子などを見ることができたりします。そのような様子から、その学校の生徒の雰囲気を感じることができます。

　一方、校舎の周りを歩くとゴミやたばこの吸い殻が落ちていることがあります。おそらく生徒が投げ捨てたものであり、規範意識の低さが感じられる部分です。また、授業中なのに校舎の周りを走っている生徒がいたりします。いわゆる「エスケープ」で、授業を抜け出して勝手に校舎内をうろうろし、ときには学校外に出ていったりすることがあります。その際、先生はどこまで生徒に関わっているのか、そのような生徒にどの先生が関わり、どのような対応をしているのかといったところから、その学校における生徒のしんどさや生徒指導体制のあり方などを感じることができます。ただ、すでに述べ

58

たように初期の段階では、スクールカウンセラーが直接そのような生徒に関わるのは避けた方が適切であり、まずは先生方がどのように関わっているのかを少し離れたところから見て、職員室に戻った後に、その生徒に関わっていた先生に状況を確認することが大切です。場合によっては、いずれスクールカウンセラーがそのような生徒に関わる可能性もあるので、学校内で見かけて気になる生徒については、少しずつ情報を得ておく方がいいと思われます。

いずれにしても、学校に入った初期の段階では、すべてが初めてで、新しい経験と情報にあふれているので、それらを整理・消化していくので精一杯です。しかし、この初期の段階における先生や生徒とのわずかな関わりによって、少しずつスクールカウンセラーの印象や位置が定まっていくことを考えると、とても大切な時期であると言えます。

スクールカウンセラーの出会った印象的な先生

「僕はカウンセラーの言うことなんか全然信用してないんですよ」と語った補導主任の先生

私が初めて勤務した中学校（もう25年以上前になりますが）で、隣の席になった先生との会話でした。その先生はすでに中堅の教師で、生活指導を担当されていて、多くの生

徒に厳しく、ときには優しく、上手に関係をとって接していました。おそらくこれまでにも多くの問題行動を示す生徒や不登校、いじめの問題にも対応してこられたはずです。したがって、生徒指導に関してはかなりの自信を持っているように見えました。その先生の隣の席に、私が座ることになり、たまに世間話などをすることもありましたが、どこか距離があり、話をしてもどこか通じ合わないと感じられました。そのような中で、あるときその先生から「僕はカウンセラーの言うことなんか全然信用してないんですよ」と言われ、私はひどく驚き、動揺しました。

　まだスクールカウンセラーが入り始めの頃であり、私自身も初めての勤務校で手探りの中で活動を進めていただけに、大きな衝撃を受け、落ち込みもしました。ただその後、その先生とは、子どもへの関わりについてよく話をするようになりました。そして、その後いろいろと考えると、この発言も分らないでもないという気がしてきました。カウンセラーが話を聞くだけで課題のある生徒に何ができるのかという疑問もあったでしょうし、またこれまで生活指導を通してさまざまな問題を解決してきたという自負もあったのでしょう。スクールカウンセラーというものへの理解が十分に伝わっておらず、ただ教育委員会から送り込まれてきた存在のように感じられたのかもしれませんし、自分の指導についてチェックされ、何か指摘や指導を受けるのではという思いがあったのかもしれません。さらにそのとき、私は大学に勤務していて大学教員という立場で紹介されたので、そういった部分への抵抗もあったのかもしれません。私にとっては、スクールカウンセラーとはそういう多くの思いを向けられ、それを引き受けながら活動を続けていかないといけないのだなということを、つくづく感じさせられた体験でした。

第3章

面接を
スタートするまで

1 面接の枠組みについて

♣1 前任者による面接

　面接をスタートするにあたり、まずその学校において面接（カウンセリング）というものがどのように位置づけられているかということを確かめておくことが必要です。

　これについては、前任者からの引き継ぎで情報を得る場合もありますが、一方で、学校のスクールカウンセラー担当者（コーディネーター）からの情報を得ることも大切です。つまり前任者が実際にどのような形で面接をして、また学校としてはどのようなことを望んでいたのか、それは実際にできていたのか、といった内容です。前任者が1日に5～6人のクライエント（生徒又は保護者）と面接し、ほぼそれで1日のスクールカウンセラーとしての活動時間が埋まっていたとしたら、同じように継続した場合はさらに面接時間が増えていき、活動のほとんどが面接だけで終わるようになってしまうという可能性もあります。また、前任者が面接の予定をほとんど入れておらず、相談室への自由来室や先生方へのコンサルテーションを中心にして、カウンセリングというものをそれほど実施していなかったという場合もあります。それに対して学校側は、生徒や保護者の話をじっくりと聴くカウ

1 面接の枠組みについて

ンセリングを望んでいたりする場合があります。

　つまり、面接のやり方については、前任者からの引継ぎが基本になりますが、すべてそのまま同じようにやっていいのか、学校側のニーズを見極めながらもう少し異なる活動を重視すべきなのか、慎重に面接の枠組みづくりを進めていく必要があるのです。

♣ 2　引継ぎのケースをめぐって

　まずは面接の枠組みづくりを進めることになりますが、現実的には、前任者が担当していたケースを引き継ぎ、すぐに面接の予定が入るという場合があります。ケースの引き継ぎについては、すでに前任者から資料を受け取っていたり、コーディネーターや担任が面接を実施することを了解してくれていると、すぐにスクールカウンセラーにつないでくれるので、初めての面接に非常にスムーズに入っていくことができます。

　スクールカウンセラーが新しい学校に入って何をしていいのか戸惑うことが多い中で、この引継ぎのケースが１つ、２つあると、その面接が初期のスクールカウンセラーの活動のベースとなってとても助かることがあります。仮に前任者がいなくて、その学校に初めてスクールカウンセラーが入る場合や引継ぎのケースがない場合などは、面接を実施するまではなかなか落ち着かないということもあります。前任のスク

63

第3章　面接をスタートするまで

ールカウンセラーがいる場合は必ずその前任者と連絡をとって引き継ぎを行い、またコーディネーターにも引き継ぐことになるケースの有無をきちんと確認しておくことが必要です。

2 面接の予定表・記録の作成

♣1　面接の予約の流れ

　面接の予約を管理するために予定表をつくっておきましょう。前任者のものがあればそれを利用してもいいですし、もしなければ自分で作成します。筆者も表3のような予定表をつくって、そこに面接の予約が入るとコーディネーターの先生に記入してもらっていました。このような予定表をつくって、予約が入ったらこれに記入していくことを伝えることで、面接の位置づけを少し理解してもらえる場合があります。つまり、面接とは、きちんと決められた予定の時間に、決められた時間枠（多くは1時間）で会っていくものだということを周囲に伝えることになるのです。これは、学校の先生方の対応の仕方として、生徒や保護者が希望したらいつでも必要な時間だけ話を聞くという意識があり、忙しいときは10～20分だけ話をし、少し話が込み入ってくると2～3時間も話し込んだりすることがあります。しかし、スクールカウン

表3　スクールカウンセラー月別予定表の例

6月

日	3日	10日	17日	24日	日
曜日	金	金	金	金	
9:00	▲吉田（母親）↓		▲吉田（母親）		
10:00		▲山田（母親）↓		▲山田（母親）↓	
11:00	▲コーディネーター 情報交換・打合せ	▲コーディネーター 情報交換・打合せ	▲コーディネーター 情報交換・打合せ	▲コーディネーター 情報交換・打合せ	
12:00	▲担任 コンサルテーション				
1:00			▲原田（生徒）		
2:00		別室生徒の対応		別室生徒の対応	
3:00		▲石田（母親）		▲石田（母親）	
4:00	▲担任 コンサルテーション		▲池田（生徒）	▲池田（生徒）	
5:00		教育相談部会	▲担任 コンサルテーション	▲担任 コンサルテーション	
6:00					

セラーの活動にとっては、基本的には決められた時間に決められた時間だけ話をするという面接の枠組みが重要です。したがって、この面接の枠組みを、面接の予定表を作成することを通して、コーディネーターや他の先生方にも伝えていくことが大切です。

　また、この面接予定表に誰が記入して管理していくのかということも問題になります。私が担当した学校では、コーディネーターの先生にお願いをしていました。スクールカウンセラーによっては、予定表には相談に来る子どもや保護者の氏名が入るなど守秘に関わる部分があるので、カギのかかる机の引出しに入れているという方もいましたが、私はそこまでする必要は感じず、机の上の棚に置いていました。その理由は、実際に生徒や保護者からの相談の受付はコーディネーターを通すことがほとんどであり、また面接時間の変更やキャンセルなどを確認してもらう必要もあり、コーディネーターの先生にはある程度スクールカウンセラーの予定を知っておいてもらう方がよいと考えたからです。スクールカウンセラーは週に１日だけの勤務であり、不在の間に新規の予約や予定変更に関する連絡が入ったり、場合によっては、緊急で担任のコンサルテーションが必要になりスクールカウンセラーの空いている時間を知りたいというような場合が起こります。そのような場合に、コーディネーターとスクールカウンセラーがスケジュールを共有していれば、常に学校にいるコーディネーターが即座にスケジュールを確認し、予定を入れ

るということが可能になります。

　また、教職員の1人としてのスクールカウンセラーが、現在どのような生徒や保護者と面接をしているかを周りに知っておいてもらうことも大切であり、このような予定表があることでコーディネーターとの連携もよりスムーズにいくと考えられます。もっとも、このような情報をすべての先生方に伝える必要はなく、窓口であるコーディネーター（必要に応じてそのコーディネーターから管理職の方へ伝わることになります）に限定しておく方がいいように思います。スクールカウンセラーの活動は、基本的には学校長（現実的にはコーディネーター）に報告する義務があります。

　しかしながら、ときには相談箱（相談室の前などに設置された、子どもが直接相談の申し込みができる投書箱。最近はあまり使われなくなっている）に生徒が匿名で相談を申し込み、担任の先生だけでなく周りの誰にも知られずに相談に来る生徒がいたり、あるいは担任から直接コンサルテーションの申し出があり、非常に個人的な悩みや職場の人間関係に関わる内容を話され、自分がスクールカウンセラーのところに相談に来ていることは誰にも言わないでほしい、と言われたりする場合があります。そのような場合は、予定表に名前を書き込むことはできませんが、それでもイニシャルなどを使って生徒や先生と面接した事実はきちんと記入しておくべきだと思います。また、伝えられる内容であれば、口頭ででもコーディネーターに守秘を前提に伝えておく方がいいのでは

第3章　面接をスタートするまで

と思います。（101 頁参照）

♣ 2　記録について

　予定表を作成したら、次に面接の記録をどうするかということが問題になります。たいていの場合はスクールカウンセラーの活動日誌というような形で、記録を残すことが多いでしょう。日誌にはスクールカウンセラーが勤務した日付、時間、面接した生徒や保護者の記録だけを簡単に書き入れ、詳しい面接の内容は基本的には残さないようにすることが多いです。日誌は、当事者からの開示請求があったときには公表しないといけないものになり、その記録を完全に管理することは難しいので、公式の面接記録はできるだけ簡略化した形でポイントだけをまとめて、残すようにします。もっとも、面接においてスクールカウンセラーが簡単なメモをとったりすることは必要であり、そのメモに基づいて担任の先生と情報交換をしたり、今後の面接を進める上での参考にします。しかしそれは、あくまでも個人的なメモであり、学校には一切置かないようにして、スクールカウンセラーの方で保管し、処分するようにしましょう。

　また、学校によっては、生徒指導上や発達に課題のある生徒については、支援シートをつくって、そこにこれまでの経過や課題、見立て、今後の支援の方向性などをまとめて書いてあるファイルを作成している場合があります。その場合は、

コーディネーターの先生とも相談し、スクールカウンセラーの見立てや今後の方針などをそこに記入していくこともあります。

　いずれにしても、スクールカウンセリングにおける面接の記録は、病院のカルテや相談室の面接記録といった公式な書式はなく、口頭による担任や学年の先生への情報交換、コンサルテーションを目的とし、むしろ学校内では公式な記録はごく簡単なものだけを残すようにした方が安全だと考えられます。面接中のメモはあくまでもスクールカウンセラーの個人的な記録として、子どもの理解や担任へのコンサルテーションにのみ活用し、基本的には処分するようにした方がいいでしょう。

3 面接室の使用について

♣ 1　面接室がある場合／ない場合

　面接を始めるには、そのための部屋が必要です。面接のための部屋は「カウンセリング室」や「相談室」などさまざまな名称で呼ばれ、中には「○○ルーム」といった愛称で呼ばれている場合もあります。いずれにしても、その部屋がカウンセリングの専用の部屋として、きちんと位置付けられてい

るかがまず重要です。学校によっては、相談室と言いながら、生徒指導のために使われたり、教材などが置かれた資料室として使われていたりする場合があります。特にカウンセリング室が生徒指導のための部屋として使われることは絶対に避けたいところです。なぜなら、子どもたちに、その部屋に入るということは何か問題を起こし、指導を受けるときに入る部屋というイメージができてしまうと、いくらカウンセラーがいる部屋とわかっても、どこか入りにくかったり、また入っても落ち着かず、子どもたちが自分の本当の思いを語るのが難しくなったりすることがあるからです。

　つまり、カウンセリングにおいては、カウンセリング室のイメージやその雰囲気づくりが非常に大切です。また、資料室や備品置きの部屋になっていると、突然先生が荷物を取りに入って来たりして、落ち着かない場所になってしまいます。

　前任者がいた場合は、カウンセリング室としてある程度整備され、専用の部屋として使うことが認知されていることが多いです。まずはそのようなカウンセリング室があるかをきちんと確かめておくことからスタートします。スクールカウンセラーが学校に来るのは週に１日程度ですが、それ以外の日でもできるだけ他の用途に使わないようにお願いしておく方がいいかもしれません。もっとも学校には、それほど使える部屋が多くはないので、担任が生徒や保護者と面談するのにどうしても部屋がない場合は、カウンセリング室を使うこともやむを得ないことだと思います。

3 面接室の使用について

　次に、そのようなカウンセリング室がない場合は、カウンセリング室を整備するところからスクールカウンセラーの活動が始まります。これまでは広い教室の一角を相談室として使っていたり、資料室の半分を仕切って相談室にしていたりする場合や、会議室を相談室として使っている場合など、さまざまなパターンが考えられますが、基本は先ほど述べたように、最低限の守秘が保たれるような独立したカウンセリング室として、他の用途には使わない専用の部屋を整備していくことがまずは大切です。もっともこのような部屋の整備には、経費や時間がかかることが考えられ、数週間から場合によっては数カ月かかることもあるでしょう。その場合は、相談の予約が入れば、とりあえず今使える資料室や会議室などで代用しながら面接を進めることになります。

　このようにやむを得ない場合を除いては、カウンセリング室がまだ整備されていない場合は、すぐに面接を始めるというより、まずはカウンセリング室を整備するところから始まります。学校内のどこに設置し、どのような出入口にし、部屋の中の設備はどのようにするのかなどをじっくりと学校側と話し合いながら進めていきましょう。このことが最終的には、その学校でスクールカウンセラーをどのように位置づけていくかということにもつながっていくからです。

71

♣ 2　面接室としてどの程度設備が整っているか

　次に、カウンセリング室の中身について考えます。最も大切なのは、面接用のテーブルやソファー、椅子、カウンセラー用の机です。テーブルや椅子、ソファーは前任者が使っていたものがそのまま置いてある場合が多いですが、少しゆったりとくつろいで座れ、学校という雰囲気を和らげようと思うならソファーの方が落ち着くと思います。面接室で絵や文章を書いたり、資料を見たりするにはテーブルの方がいいかもしれません。これはスクールカウンセラーの好みにもよりますし、これまでの使い方にもよりますが、もしソファーを置きたいと思うなら、そのことをコーディネーターに伝えておきます。いずれの場合も椅子は4～5人が座れるようにしておきたいところです。相談の際は保護者と子どもが一緒に来たり、家族3人で来談ということも考えられます。また場合によっては面接者の側も養護教諭や担任に一緒に入って聞いてもらうという場合が考えられるので、席数には余裕がほしいところです。

　次に大切なのはカウンセリング室の冷暖房です。4月の初めはそれほど気にならないかもしれませんが、夏場の暑さや冬の寒さは校舎という建物にかなりの影響を与え、それは面接そのものにも関わってきます。カウンセリング室に専用の空調機がついていれば問題ないですが、クーラーや暖房がついていないとなると、夏はどこかから扇風機を見つけてきて

設置し、冬は足下から冷えてくるので、これまたどこかから
ストーブを見つけてきて寒さをしのぐということになります。
空調や冷暖房に関わる部分は予算的にも工事的にも規模が大
きくなるので、できるだけ早めに要望を伝えて、カウンセリ
ングにおける面接環境の重要な1つの要素として整備しても
らうことをお願いする方がいいでしょう。もっとも、最近は
ほとんどの教室に空調が設置されるようになり、相談室にも
空調が設置されている場合が多いようです。

　他には、文房具や参考となる本、時計、観葉植物や絵画な
どがそろえられれば十分です。子どもが相談に来てプレイル
ーム的に自由に過ごすことを考えると、クレパスと画用紙、
折り紙、オセロやトランプ、ジグソーパズルなどを置くこと
も考えられます。ただし、オセロやトランプ、ジグソーパズ
ルについては、子どもが単なる遊びの場と勘違いして来談す
るようになることも考えられるので、学校の方針を確認しな
がら、慎重に進める必要があります。

🍀 3　面接室の使い方の方針について

　次に、面接室そのものを学校の中でどのように位置づけ、
活用していくかという基本的な方針も明確にしておきます。
なぜなら相談室は、何か特別に相談のある者だけがきちんと
予約をして利用するものだという位置づけもあれば、比較的
オープンにして昼休みには自由に来室して遊んだり、おしゃ

第 3 章　面接をスタートするまで

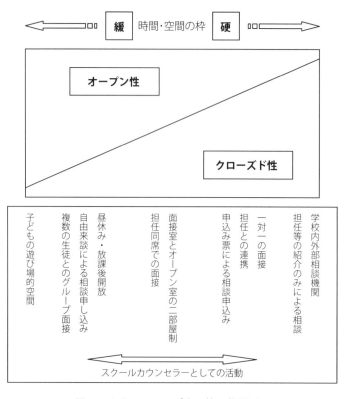

図 2　カウンセリング室の枠の位置づけ

べりできる場として位置づけることもできるからです。この
あたりの判断は学校の現状にもよりますし、また担当コーデ
ィネーターの意識やスクールカウンセラーの希望にもよりま
す。

　上の図 2 で示すように、面接の時間や場所の枠として捉え

74

たとき、非常にオープンなスタンスからクローズドなスタンスまで考えられます。クローズドなスタンスの極端な例は「学校内外部相談機関」というイメージで、相談室は学内にはあるが基本的には外部の心理相談室やクリニックと同じような位置づけで、予約したクライエント（生徒や保護者）の面接だけに使用し、1時間の面接が終わるとクライエントは教室や家に帰っていき、面接は非日常的な場で行なわれ秘密は堅く守られるというものです。心理面接の枠組みとしては基本的にこうした形が求められますが、スクールカウンセラーとして学校内で面接する場合、このようなスタンスだけで活動を行うことはほとんど不可能です。

　一方、こうした面接の枠にとらわれず、自由に複数の子どもたちがやってきて、好きに遊んだり、おしゃべりしたりして、そこにスクールカウンセラーが参加するというスタイルも考えられます。できるだけオープンにして、子どもたちにスクールカウンセラーやカウンセリングのことを知ってもらうという点では重要ですが、学校としては時間の枠やルールがきちんと守られないと多くの問題が発生することになります。例えば、相談室が子どもたちの溜まり場になり、チャイムが鳴ってもそこから動こうとしなかったり、相談室で携帯電話やゲームを出して遊ぶということも起こり得ます。大勢の子どもが集まり、大声で騒いで遊ぶので、本当に相談したいと思っている子どもが訪れにくくなったり、他の子どもがいるので相談しにくいということも考えられます。

第 3 章　面接をスタートするまで

　実際には、この 2 つのスタンスを両極とする連続体（スペクトラム）の中で、どの位置にその学校の相談室を位置づけるかを考えていきます。いくら守秘が大事だと言っても面接の後にはコーディネーターの先生と何らかの情報交換は必要ですし、場合によっては、そこに担任やクラブの顧問に入ってもらうこともあります。また相談室の開放も、いつでもOK ということではなく、昼休みだけに限って開放したりして、そこで少し気になった子どもや相談の申し出があった生徒には、放課後にきちんと時間を確保して面接することも考えられるでしょう。

　また、この両者のスタンスをバランスよくこなす方法の 1 つとして、オープンスペースの部屋とその隣にゆっくりと相談のできる部屋を設置する 2 部屋制やルーム・イン・ルーム（234 頁参照）が考えられます。もっともこれは学校にそれだけの部屋があり、設備としてそのようなシステムを整えてもらえる場合です。現実的にはなかなか厳しく、スクールカウンセラーとしては、今ある設備や状況の中で、その学校にとって相談室をどのように使用するのがいいのかを、前任者の活動内容やコーディネーターなどの意向を聞いて一緒につくっていくことになります。また、スクールカウンセラーである自分のスタイルとして、どのように部屋を使うのが最も動きやすいかを考え、その希望を伝えてみることも大切です。

76

♣4　スクールカウンセラーに期待されているもの

　実際にクライエント（生徒や保護者）に会う前に、まずは
そのケースについての情報を得ておく必要があります。前任
者からの引継ぎであれば、これまでの経過や見立てがなされ
ており、新たなケースであれば、担任の先生よりそれまでの
子どもの様子や相談までの経緯などを確認しておきます。

　特に、担任との情報交換において大切なのは、その先生が
スクールカウンセラーに何を求めているかということです。
スクールカウンセラーのもとには、児童・生徒あるいはその
保護者が、学校での生活や対人関係などで何らかの問題を抱
えて相談にやってきます。担任としては、そのクライエント
の背後に何があるのかを知りたいと思っているのか、自分だ
けでは抱えられないので、スクールカウンセラーにも継続し
てサポートをしてほしいと願っているのか、あるいはカウン
セラーと面接することにそれほど期待を持っておらず、本人
がどうしてもと希望したので一応紹介したという感じなのか、
こうした担任のスクールカウンセラーへの期待によって、今
後の連携も少し違ってきます。

　担任がクライエントの見立てについて知りたいという場合
は、子どもや親をもっと理解して何とかしたいという気持ち
の表れであり、スクールカウンセラーもその思いに沿って一
緒に支援を考えていきます。むしろ専門家であるスクールカ
ウンセラーに主に関わってほしいということであれば、ある

程度、継続的な面接を実施してサポートしていき、必要に応じて担任と情報交換するという形になります。また、担任からそれほど期待されていないという場合でも、クライエントが面接を希望しているのならそこには何らかのニーズがあるということです。まずは話を聞かせてもらいますという姿勢で臨み、面接を通して心理臨床家としての専門的な視点から何らかのフィードバックを担任にも返せるようにしておき、一緒に考えてやっていきたいというメッセージを担任に伝えることが大切です。

つまり、クライエントと会う前にきちんと担任と話をしておくことで、その面接の位置づけを考えることができ、また担任の意図や期待を把握することで、後の担任とのコンサルテーション実施の際の見立てにもつながっていきます。

コラム「スクールカウンセラーの出会った印象的な先生」

生徒にまっすぐ向き合っていく生徒指導の先生

スクールカウンセラーの仕事は広い意味の生徒指導に関する領域なので、学校内では生徒指導主任との関わりが多くなります。コーディネーターが生徒指導主任という場合も多く、私自身もこれまでに多くの生徒指導主任の先生と関わってきました。生徒指導主任は、学校の中での問題行動をはじめ、

いじめや不登校、クラスや学年の運営など多くの問題に関わっています。私の印象では非常に個性的で印象に残る先生が多かったように思います。

ある先生は、学校内で子どもの大きな声がすると真っ先に職員室を飛び出して行き、生徒同士でもみあいのケンカになっているとすぐに割って入って、腕や身体を押さえて制止していました。しかし、中学生の男子ともなると、かなり身体も大きく、暴れて手がつけられなくなると、誰も近づこうとしなくなり、下手に制止しようとすると逆に蹴られたり、殴られたりして大変なことになります。その先生が制止すると、男の子はますます暴れて、見境なく近くにいる子を蹴ったり、暴言を吐いたりして暴れ回っていました。その先生はそれにもまったくひるむことなく、周りの子を守るため、またその子自身を守るために全力で止めに入り、最後は廊下に倒れこむ感じで抱え込んで、「ちょっと落ち着け」と話しながら、しばらくその子を制止していました。しばらくするとその子も落ち着き、別室で話をすることになりました。その生徒は、その生徒指導の先生には一目置いているらしく、その先生の言うことはよく聞くということでした。

また、あるときは、ちょうどカウンセリング室の前で大きな声がしたかと思うと、生徒指導の先生が生徒を指導しているところでした。前からよく問題行動を繰り返していた生徒で、その日も他の生徒を蹴ったり、廊下の物を壊したりして暴れていたようで、その先生も今日はしっかりと話がしたいと廊下で話をしていました。生徒は「うるせいな、あっち行け」と悪態をついていましたが、その先生はまったく動じず、『うるさいじゃない、お前わかっているか、自分がしたことを』と厳しく迫

っていました。私は学校中に響き渡るのではないかというくらいの大声で怒鳴り合っている2人の会話をドア越しに聞いていました。生徒は背中をドアに打ちつけながら、「うるさい、だまれ」「関係ないやろ」となんとかその場を切り抜けて逃げ出したいようでしたが、その先生は生徒を真正面から見据え、おそらく顔と顔が20センチぐらいのところで、子どもの声に負けないぐらいの勢いで話していました。『俺の言っていることがわかるか』『もっと自分のことを考えろ』という先生の迫力に押され、その生徒は次第に言葉を失い、少し落ち着いてきました。おそらく、その後じっくりとその子との話し合いがあったのだと思います。あとでその先生に聞くと、『あいつはいいヤツなのですけどね、ちょっとイライラすると、すぐ周りや物にあたり、自分の気持ちからも逃げている』としみじみと語っていました。これまでも問題を起こすたびにその先生が関わり、本当に愛情を持って関わっておられる様子が伝わってきました。

　このように、学校では生徒指導という形で、正面から子どもたちにぶつかって、駄目なことは駄目だとはっきりと伝える役割も大事であり、非常に魅力的な生徒指導主任に出会う機会が数多くありました。

第4章

カウンセリングの実施と校内連携について

第4章　カウンセリングの実施と校内連携について

1 学校という組織の中での
カウンセリング

♣ 1　専門家としてのスクールカウンセラー

　スクールカウンセラーが学校に入ってまず求められるのは、子どもや保護者への相談活動です。スクールカウンセラーがスクールカウンセラーである所以は、まずはカウンセリングができるということであり、教師とは異なった視点で子どもや保護者を理解し、支援の方向性を見出すことができるということです。つまり、心理臨床におけるアセスメントの技能や心理的な介入方法がスクールカウンセラーには期待されるのです。ただ、学校現場では、教師も教育相談という形で子どもたちに面談を行い、さまざまな情報を得ており、また心理学的な理論や技法についてかなりの勉強をされておられる方もいます。したがって、例えば入門的な本に載っているような簡単な理論や概念で先生たちを納得させるアセスメント（見立て）を返すのは難しく、そこにはかなり熟練した心理臨床家としての専門性が求められます。しかし、そうだからと言っていきなり面接で心理検査や描画を実施し、それらの結果を難解な専門用語を使って説明したり、主観的な象徴的解釈を行ったりしても、先生方には何のことだかわからず、かえってスクールカウンセラーの面接は活用できない、役に

立たないものと判断されてしまうということにもなりかねません。

　つまり、学校という組織においてスクールカウンセラーに求められるのは、専門家としての子どもへの理解やその介入方法であるのが基本ですが、それがあまりにも専門的な内容で教師が理解できないということでは困るし、そうかと言ってあまりに一般的な子どもの心の状態について話をしても役に立つものにはならないということです。教師にとって「なるほど、教師である自分の視点とは少し違うな」と思ってもらえるような内容をいくらかでも含んだ話を、できるだけ専門用語や専門の検査などを使わずに、子どもたちの日頃の様子や発言、あるいは家での様子をもとにして、納得できる形で説明することが求められます。ここで重要なのは、先生方は日々の子どもの様子を見て気にしていたり、困ったりしているので、日常の生活に即して説明する方が理解されやすいという点です。

　なるべく専門用語などを使わずに、同業者ではない人にいかにわかりやすく、クライエントの見立てや理解を伝えられるかが、本当の専門家として求められるところです。また、生徒や保護者がカウンセラーと会ったときに「今まで出会った人とは違う、この人と何が始まるのだろう」（村瀬、1995）と思ってもらえるような会い方ができると、教師とはまた異なった専門家として認知されていくことになります。

♣2　スクールカウンセラーの役割としての連携

　スクールカウンセラーが学校で求められるものとして、先に述べた「専門家としてカウンセリングを行ってほしい」ということがありますが、それと同じくらい求められるのは、教職員と連携して子どもや保護者への支援の方法について一緒に考えてほしいということです。子どもの学校での様子や家からの情報などをもとに、その子をどのように理解し、関わっていったらいいのか。教師にとっては非常に悩み、苦労することも多く、そこに心の専門家である公認心理師・臨床心理士が協力し、専門的な視点からの見立てや今度の方針などを伝えてもらえると大変助かると思われます。つまり、スクールカウンセラーの機能として、カウンセリングとともに、この教職員との連携というものが非常に重要になってきます。

　では次に、この連携を上手にやっていくためには、どのようなことが大切になるかをスクールカウンセラーと教師それぞれの立場から考えてみます。

　まず、スクールカウンセラーの中には、こうした連携についてそれほど重きを置いていない人がいるかもしれません。これまで個人の面接を中心でやってきて、あまり他の専門職と連携したことがなく、自分は面接室におけるカウンセリングを中心に考えたいという人です。大学附属の相談室や個人的にカウンセリングルームを開いていたり、クリニックなど

の機関でカウンセリングを行っている場合は、そのようなスタイルで行うことが可能かもしれませんが、あまりスクールカウンセラー向きではありません。

　スクールカウンセラーの活動には、これまでも述べてきたように教職員との連携、コンサルテーション、さらには保護者への講演会、教師への研修会、子どもや保護者向けの「たより」を出したり、授業をのぞきに行って気になる生徒の様子を見たりと、多種多様な活動が含まれます。つまり、臨床心理士の４つの技能の１つである臨床心理学的地域援助の領域が非常に重要になります。

　この地域援助の領域では、スクールカウンセラーの活動の主要な部分である他職種との連携に関するものが多く、心理アセスメントや面接に関わる周りの人たち、つまり教師への支援が大切です。そのためには、日頃から教職員と人間関係をつくっていく必要があり、保護者や関係機関との連携ということも大切になります。学校に入って、多くの先生方と職員室で日常的な雑談を交わし、信頼関係を形成していくことが、後の連携のポイントになります。スクールカウンセラーとして、面接室において１対１でじっくり話ができるだけでなく、日常的に職員室で不特定多数の人と世間話をしたり、日頃の愚痴を聞いたり、たまには冗談を言い合うような「雑談力」とでも言うような力がスクールカウンセラーには求められます。このようにまず、スクールカウンセラーの側において連携への準備、能力が問われる部分があります。

第４章　カウンセリングの実施と校内連携について

他方で、教師側から見た連携においては、すでにコーディネーターとの連携（第２章）で見たように、それぞれの立場によってスクールカウンセラーとの距離感や意識は微妙に異なっており、それがそれぞれの教師との関係になるとさらに多様になります。つまり、スクールカウンセラーに関心を示して積極的に活用しようとする先生から、何か指摘されるのではないかとやや警戒感を持ちながら様子を見ている先生、初めから少し拒否的であり、心理学やカウンセリングというものに対して否定的に見ている先生もいます（109頁、図４参照）。特に最後のスクールカウンセラーとの連携をあまり望んでいない教師に対しても、学校側から子どもへの支援のために連携を求められる場合があります。そのような先生といかに連携をとっていけるかが、スクールカウンセラーにとっても大きな試金石となります。

2 クライエントとの関係性の構築

　学校という組織において、スクールカウンセラーに求められるものは非常に多様なものがありますが、スクールカウンセラーの専門家としての活動は、まずはカウンセリングであり、相談に来たクライエント（子どもや保護者）との関係の形成です。カウンセラーのもとには、学校での人間関係や適

応上の問題を抱えた児童生徒や、家庭での親としての関わりに戸惑い、子どもの対人関係に悩み、また学校に対する不満などを抱えた保護者が相談にやってきます。そして、スクールカウンセラーと面接することで、子どもや親の表情が少し和らぎ、「継続して来たい」と言ってもらえるようになることは、心の専門家であるスクールカウンセラーとして活動していく上で、最も基本的なことです。

♣ 1　子どもとの関係

　スクールカウンセラーの相談の対象は、まずは児童・生徒である子どもたちです。したがって、スクールカウンセラーとして活動する上で子どもとの面接は避けて通れません。ただ、小中学生は、言語による表現能力がまだ十分ではありませんので、関係性を形成していく上でさまざまな工夫が必要になります。学校にはプレイルームというような設備はほとんどありませんので、単純にプレイセラピーをすることは難しく、だからと言って言語による面接も困難なのが現実的に難しいところです。

　そこで、スクールカウンセラーとしては、面接室内でできるプレイセラピー的な活動（お絵かきや折り紙）を取り入れて、もう少し遊びの要素を入れるとすれば、オセロや将棋、トランプをしたりして子どもと関わることになります。女の子であれば、手芸をしたりしながらおしゃべりをすることも

あります。このような児童・生徒への関わりについては、菅（1988）によって思春期の生徒への関わりとして報告されています。

　したがって、スクールカウンセラーには、プレイセラピーの経験があり、小中学生との面接が、どのように遊びを通して展開していくのかをある程度体験しておくことが大切です。その上で、小学生高学年から中学生といういわゆる思春期に当たる子どもたちに、言語的な側面も大事にしながら、学校の面接室という限られた構造の中で会っていきます。プレイルームのない学校では、何か道具や作業（手芸やパズルなど）を媒介として、プレイ的な関わりをすることになります。

　このような限られた状況の中で、先生とはまた違った存在として、子どもたちにとって「話を聞いてもらえるかもしれない」「この人なら少し話ができるかもしれない」「この人となら一緒にいても大丈夫かもしれない」と思ってもらえるような関係性を築いていけるかが、専門家としてのスクールカウンセラーにとってはまず大切なことです。

♣2　保護者との関係

　子どもとの関係と同じくらい、あるいはそれ以上に重要なのが保護者との関係づくりです。近年は、学校現場で子どもとの関係というよりむしろ保護者との関係が難しくなっているという指摘もあり、担任だけでなく管理職でも対応に苦慮

するということも起きています。また、保護者自身も子育て
に不安があり、精神的に不安定であり、しかもそうした思い
を聴いて、支えてもらう保護者の親や配偶者との関係がよく
ないという場合もよくあります。

　そのような状況の中で、子どもに不登校やいじめ、問題行
動があると、まずはスクールカウンセラーに相談してみよう
ということになります。このように、スクールカウンセラー
の活動において保護者との面接の比重はかなり大きくなって
います。しかも、その保護者は子どものことでかなり不安に
なっており、さらには学校の対応にも不満や不信感を持って
いたりします。そこで、スクールカウンセラーが保護者とど
のような関係を築き、また面接を継続していくことができる
かどうかが、学校におけるスクールカウンセラーの専門家と
しての意義であり、その技能を問われる場面です。ここで、
そのような保護者ときちんと関係をつくり、保護者の思いを
しっかり受け止めながら、上手に担任とも連携し、さらには
保護者と担任が協力し、一緒になって子どもへの支援ができ
るようになると、その学校における支援体制の機能が高まり、
スクールカウンセラーの位置づけもかなり安定したものにな
ります。

　保護者との面接においては、まずはその親が持っている子
どもへのさまざまな思いや期待を聴いていきます。話を聴い
ていると、親の理不尽な子どもへの要求を感じたり、担任へ
の一方的な非難を感じたりすることがありますが、それでも

まずは親の話にしっかりと耳を傾けることが大切です。それは、親には親としての長い時間の流れがあり、子どもに過度に期待することや担任を非難することにはそれなりの経緯、理由があるからです。なお、「親の期待」の在り方については内田（2014）を参照してください。スクールカウンセラーとしてはその思いに十分に耳を傾けて、腰を据えて聴いていこうという姿勢が大切です。そうでないと、親の話に圧倒されてカウンセラー自身が落ち着かない状況になり、親の思いに十分寄り添うことができなくなってしまいます。もしそうなってしまうと、親は少し物足りなく感じ、不全感を感じて、それ以後、来談しなくなるということもあります。

　このように、スクールカウンセラーにとって、保護者との面接はかなり重要であり、その面接の進め方において相当の専門的な技能や経験を必要とするので、十分に研修を積んでおく必要があります。また、場合によっては1人で抱えようとしないで、担任や外部機関との連携も視野に入れておくとよいでしょう。

3　コーディネーターとの連携の実際

　クライエントとの関係を築いていくことが、まずはスクールカウンセラーの活動においては第一ですが、それと同じく

らいの重みを持つのが先生との連携です。担任をはじめ、養護教諭や関係する先生との連携の中心となるのはこれまでにも述べてきたコーディネーターです。ここではそのコーディネーターとの連携を中心に考えていきます。

🍀 1　心理専門職について知ってもらう

　第2章で述べたように、コーディネーターの立場によって少しずつスクールカウンセラーに対する理解や意識が異なっており、まずはその違いを前提として考えておく必要があります。そして最終的には、コーディネーターにスクールカウンセラーの立場や役割について十分理解してもらうことが大切です。

　つまり、スクールカウンセラーは教師ではなく（教員免許を持った方もおられますが多くはそうではありません）、心の専門家として学校に配置されているということ、まずそのことを理解してもらう必要があります。心の専門家として、相談に来た人の心理アセスメントや心理面接を行うこと、それには面接室という守られた空間と時間が必要であり、さらには守秘義務という責務を負っているということなどが、心理専門職の機能の中心です。

　コーディネーターがこのような心理専門職の行うカウンセリングの基本的な枠組みを理解している場合もありますし、そうでない場合もあります。日々の会話を通して理解の度合

第4章　カウンセリングの実施と校内連携について

いを確認しながら、場合によってはスクールカウンセラーか
ら少しずつ説明していく必要があるかもしれません。むしろ
カウンセリングの実際のところは十分には理解されていない
という心づもりを持って、まずはカウンセリングそのものの
イメージを確かめ合うという形で、コーディネーターとの連
携の準備が進んでいくと考えた方がいいかもしれません。

♣2　コーディネーターの機能を通して連携を考える

　スクールカウンセラーはコーディネーターとの関係を築き
ながら、連携のためにコーディネーター自身に学校内で動い
てもらう必要があります。コーディネーターとして求められ
る条件については、すでに第2章で「理解度」「全体の把握」
「伝達力」「子どもとの距離」「時間的余裕」を挙げました。
ここではそれをもとに、さらに詳しくコーディネーターの機
能を見ながら、スクールカウンセラーとの連携について考え
ていきます。

①情報の収集
　まず、コーディネーターの機能には、学校全体のさまざま
な情報を収集していくことが挙げられます。これは、学校
「全体の把握」ということです。
　コーディネーターにはスクールカウンセラーと教師とをコ
ーディネートしていく（つないでいく）ことが求められます

が、その前提としてつなげるための「情報」が必要になります。情報とは、つなぐ必要性のある状況をきちんと把握していることであり、それは学年や担任の状況、あるいは子どもや保護者の状況のことです。コーディネーターには、今その学年の生徒がどのような状況にあり、その中で担任はどんな思いを抱いているのかを知っておいてもらうことが重要です。

　また、不登校の子どもがいた場合は、その子にこれまでどのような関わりを行い、その結果どのような経過をたどってきたのかについて情報を得ておくことが大切です。不登校傾向の子どもの様子を知るには、直接その子どもに接することのできる距離・機会が持てるかも大切です（子どもとの距離）。直接子どもの様子を見ておくと、後の情報交換においても、より具体的でイメージがわきやすいので連携がスムーズにいくことがあります。スクールカウンセラーは、コーディネーターが子どもとどのくらいの距離で接しているのかを踏まえながら連携をとることになります。

　また、気になる生徒やその保護者の様子など、いずれ相談にやってくる可能性のある生徒などの情報は、できるだけ担任や学年主任を通してコーディネーターが少しずつ収集し、場合によってはスクールカウンセラーとも情報を共有しておくと、不登校の早期対応、あるいは未然防止という点からも活用できる可能性があります。

　このようにスクールカウンセラーとしては、コーディネーターから自分の活動に関係すると考えられるできるだけ多く

の情報を収集し、適宜伝えてもらうことが大切です。スクールカウンセラーは現状としては週に１回しか勤務することがないので、なかなか学校の状況を把握するのが難しいです。また日々変化していく子どもたちの様子をとらえるのはかなり難しいので、コーディネーターを通しての情報が学校を把握する重要な方法となります。このように、スクールカウンセラーにとって、コーディネーターにはかなり重要な機能を担ってもらうことになります。

②担任とのつなぎ

　次にスクールカウンセラーとしては、コーディネーターを介して、その担任とつながっていく必要があります。

　担任が非常に困っており、また子どもの理解や今後の対応について専門家にも相談したいと思っている場合は、コーディネーターに「一度スクールカウンセラーに聞いてみましょうか」と声をかけてもらい、スクールカウンセラーが来校する日にコンサルテーションの時間を設定してもらえればスムーズです。

　一方で、それほど困っていない、専門家からの助言を求めようとしない担任の場合は、コーディネーターにとってはなかなか難しい状況になります。こうしたときは、コーディネーターとしての「理解度」「伝達力」「時間的余裕」が大きな意味を持ってきます。つまり、担任とできるだけ話す時間を設け、子どもの様子や担任としての取り組みに耳を傾けても

らう必要があります。その上で、スクールカウンセラーという職種は教師へ指導や指示をするのではなく、まずは子どもの理解を中心にして、今後どう関わっていったらよいかを共に考える立場にあること、また多くの視点で見て関わること（チームアプローチ）が今後の子どもの支援につながるのだということを、上手にコーディネーターからその担任に伝えてもらうことが必要です。そういった話を担任と何回か話し合う中で、一度スクールカウンセラーにも相談してみようということになれば、コーディネーターとしての機能はかなり充実していると考えられます。つまり、コーディネーターは、教師がスクールカウンセラーに対して持っているさまざまなイメージや不安・戸惑いに耳を傾け、少しずつその抵抗感や戸惑いを和らげ、一度相談してみようかという思いに持っていってもらうことが重要な機能であるということです。そういった意味では、コーディネーターにカウンセリングについてのある程度の知識があることが重要です。また、スクールカウンセラーとしてはコーディネーターに、どのように動いてほしいかということを少しずつ伝えていくことも重要です。

　③子ども・保護者とのつなぎ

　次に、子どもや保護者とのつなぎの機能についてです。すでに述べたように、休み時間の自由来室や相談申し込み票などから、ある程度ニーズを感じている子どもにはスクールカウンセラーがつながれる可能性があります。しかし現実には、

子ども自らが相談を申し込むケースはそれほど多くなく、また申し込みをした子どもが、教師から見て気になる児童・生徒や課題のある生徒ではないことも多いです。そこで、コーディネーターに、不登校傾向や対人関係に課題を抱えている子どもに上手にスクールカウンセラーを紹介して、つないでいってもらう必要があります。

　子どもとスクールカウンセラーをつなぐ際のポイントは2つあります。1つはスクールカウンセラーを紹介することによる子どもの傷つきです。子どもにとってカウンセリングを受けるということは、何か自分だけ特別なことであり、自分に何か課題があるのでは（あるいは病気なのでは）という思いを抱かせることにつながります。カウンセリングや相談が何かネガティブなものとして受け止められている環境においては、特にそのことに気をつけておきましょう。コーディネーターには、そのような子どもの傷つきを踏まえた上で、何か困ったときには誰かに相談するのも1つの方法であり、特に"心の専門家"であるカウンセラーに相談することは、自分が困っている問題を十分にわかってもらい、一緒に考えてもらえることになるということを、上手に伝えてもらうことが大切です。

　もう1つのポイントは担任の傷つきです。担任として一生懸命に関わり、子どもを理解しようとしてきたが、それでもなかなかいい方法が見つからず不登校が続いていたり、問題行動が繰り返される中で、スクールカウンセラーを紹介され

ることになります。それは、担任としても無念であり、場合によっては屈辱感を感じる方が先生の中にはおられるかもしれません。むしろ、そのように感じるのが担任として当然であり、それはこれまで一生懸命に関わってこられたことの裏返しでもあります。実際のところ、そのような思いを持っている先生の方が後の子どもへの支援をめぐる連携において比較的スムーズにいく場合があります。コーディネーターには、そのような担任の無念さや無力感を受け止めながら、それでも子どもには何らかの支援をしていく必要があり、学校には"心の専門家"として来ているスクールカウンセラーがいるので、その資源を上手に使うことを勧めてもらいます。スクールカウンセラーは子どもの心のアセスメント（見立て）の専門家であるので、これまでの経過などを伝えて、教師とはまた違った視点から子どもの理解をしていくことが、今後のよりよい支援につながるかもしれません。そこで、一度スクールカウンセラーに子どもに会ってもらい、話を聞いてもらってはどうかということを、コーディネーターから上手に担任に伝えてもらう必要があります。

　スクールカウンセラーと子どもをつなぐには、まず子どもの意向を確かめ、また担任にも了解を得ておく方がよいでしょう。当然、保護者の了解を得る必要もあると思われます。そのあたりの多くのことをコーディネーターにお願いすることになるので、スクールカウンセラーとしてはどのようにつないでいったらよいか、またその際にどのようなことに留意

第4章 カウンセリングの実施と校内連携について

しないといけないかといった具体的な手続きについて、一緒に考えながらコーディネーターをサポートをしていくことも大切です。

次にコーディネーターとしての機能において重要なのは保護者とスクールカウンセラーをつなぐことです。まずはその学校においてスクールカウンセラーがどの程度、保護者に周知されているかということがポイントになります。年度初めに学校から各家庭に配布される「学校だより」などにおいてスクールカウンセラーのことが紹介されていたり、PTAの研修や講演会の際などに保護者の前でスクールカウンセラーの紹介があったりすると、保護者へのつなぎはよりスムーズにいく場合が多いです。

他には、子どものことで困って学校に来られたり、家庭訪問の際に子どもへの接し方や対応に苦慮しているというような話になったとき、教師から一度カウンセラーに相談されてはどうでしょうかと上手に勧めてもらいます。しかしどのタイミングでスクールカウンセラーの話を出すかというのは、なかなか難しい問題です。担任の先生から話を聞くと、早い段階でスクールカウンセラーの話を出して一度断られると、その後は同じ話を出しにくくなるということをよく聞きます。これはタイミングとしては早すぎるように感じます。やはりまずは担任を中心に、学校でどう取り組むかということが基本であり、その取り組みの中で、選択肢の1つとして、保護者がスクールカウンセラーに相談に行くという流れが自然だ

98

と思います。さらに、担任の先生自身がスクールカウンセラーと何回か情報交換をする中で、スクールカウンセラーの見立てに納得ができ、保護者に紹介したら何か展望が開けるのではという実感を持てることが重要です。担任にそのような実感があった上で、保護者にスクールカウンセラーの話を出すと比較的うまくつながることが多いようです。

　保護者にスクールカウンセラーを紹介したり、カウンセリングを勧めるタイミングは非常に重要であり、どのタイミングで話を出すかを含めて、スクールカウンセラーはコーディネーターや担任と連携をしていく必要があります。

♣3　学校全体を見る俯瞰的視点

　コーディネーターの機能としては、教師とスクールカウンセラーをつなぎ、またその学校の中で教育相談を進める上で今何が必要かを見極めていくことが大切です。常に学校全体がどのような状態にあり、各担任は何を求めているかをキャッチして、その支援のために必要な資源を提供しながら、スクールカウンセラーにつないでいくことが求められます。

　このように、コーディネーターには学校全体を理解し、また同時に、担任個々の思いをしっかりと受け止めていくことが大切になります。つまり、コーディネーター自身がカウンセリングマインドを持って、担任個々の思いを引き出し、それを受け止めるという関わりが必要になります。その一方で、

第4章　カウンセリングの実施と校内連携について

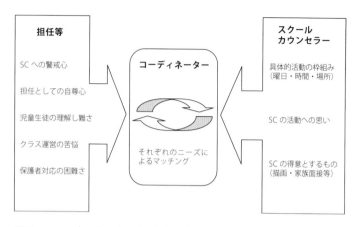

図3　コーディネーターによるスクールカウンセラー（SC）と担任のつなぎのモデル

スクールカウンセラーとも常に連携をとり、スクールカウンセラーの意向や思い、さらには得意とする関わり方などを把握し、それらと担任の思いとをマッチングさせていきます（図3）。このようにコーディネーターは、スクールカウンセラーの役割や機能について十分に理解しているとともに、そのつなぎの役割としてカウンセリングマインドに基づく受容・傾聴の姿勢を持っておくことが大切と考えられます。実際にコーディネーターは教育相談の担当であり、カウンセリングに関心が高い場合が多いので、スクールカウンセラーとしては、自分のカウンセラーとしての役割を理解してもらいつつ、コーディネーターの役割や機能についても、一緒に考えてつくっていく姿勢が欠かせません。このような俯瞰的な

視点をコーディネーターに持ってもらうように支援することも、スクールカウンセラーの1つの役割です。

4 守秘義務とほどよい連携

♣1　面接後、「どうでしたか」と問われて

　面接の準備も整い、コーディネーターによる担任との連携も進み、情報交換をしながら実際に面接をすることになります。面接の後、問題になるのは、心理専門職としての守秘義務の問題です。これは、子どもや保護者と面接したことは、本人の了解なしには一切面接外では話さないというカウンセラーの負うべき義務のことです。

　担任の先生と連携がうまくいけばいくほど、面接後に担任がやってきて「どうでしたか？」と問われることがよくあります。これはスクールカウンセラーとして非常に難しい状況であり、先生の中には、教師には話しづらい重要な情報をカウンセラーが聞き出してくれるのではないかというような期待を持って面接を依頼している場合もあります。

　このように守秘義務を負った中での連携を考えていくときに、まず大切なのは、スクールカウンセラーの守秘義務というものが学校の中でどこまで理解されているのかということ

です。最近はカウンセリングというものが少しずつ社会の中に浸透しつつあり、それに伴い守秘義務というものがあることもほとんどの教師が理解している場合が多いです。ただ、その理解は教師によって温度差があり、さらにはそうした義務があることをわかった上で「どうでしたか」と聞いてくることがあります。

このような質問に対し、こんなことを話しましたと安易にカウンセリングの内容を伝えることはもちろんできませんが、だからと言って、「守秘義務があるので、一切お話しできることはありません」と返すのも連携という視点からみると問題があります。

そこでスクールカウンセラーに求められるのは、「ほどよい連携」あるいは「柔軟な姿勢」と言われるものです。つまり、担任からの「どうでしたか？」という問いが、何を聞きたいと思っているのかをまずは摑むことです。仮に、その質問が「子どもは話をしてくれましたか？」「保護者はちゃんと来られましたか？」という面接の外枠に関する問いであれば、『ちゃんと時間通りに来られて1時間ほど話をしました』と返すことで相手が納得する場合があります。さらに踏み込んで「話をしてみてどうでした？」と問われた場合は、話の大枠だけをまとめて『本人はまだ学校には来にくいと言っていました』『お母さんは別室でもいいので学校に行ってほしいようでした』と、担任にとって意味のある内容だけを返すようにします。

この守秘の問題にどう対処するかというとき、集団守秘（長谷川、2003）という考え方で理解することもできます。つまり、担任も教師という専門家であり、当然守秘義務を負っているので、守秘義務を負った専門家同士での情報の共有は可能であり、その中で秘密が守られれば、守秘を破ったことにならないという考え方です。もっともこれは、関わる集団（チーム）の中で守秘が保証されるという前提があり、教師の中にそのような意識がきちんと伝わっているか、十分に確認しておく必要があります。あるいは、子どもとの面接において『あなたが、今はまだ学校に行きたくないと思っている、ということを担任の先生に伝えておいてもいいかな？』と事前に本人に了解を得ておくことで、担任との連携もよりスムーズになることがあります。

いずれにしても、スクールカウンセラーは守秘義務という責務を負いつつも、担任と連携をとらなければなりません。担任のニーズをくみ取り、できるだけそれに応えられるようにするために、さまざまな状況や子どもとの関係を判断し、専門家同士としてほどよい連携をとっていく努力が大切です。

🍀 2　子どもへの支援を中心とした連携

これまで述べてきたように、スクールカウンセラーにとって教職員との連携は非常に重要な機能ですが、他方で守秘義務の問題や教師の担任としてのプライドや意向などもあり、

第4章　カウンセリングの実施と校内連携について

　それほど連携がスムーズにいかないことも多くあります。スクールカウンセラーの派遣が「黒船」にたとえられたように、これまで閉鎖的であった学校に1人で入っていくスクールカウンセラーの存在は、まさに異国からの来航であり、多くの波紋と軋轢を生むことが考えられます。閉鎖性、排他性が強ければ強いほど、そこに生まれる軋轢は大きく、場合によってはスクールカウンセラーと教師との連携がほとんど機能しない可能性もないとは言えません。

　そうした場合に大切なのは、スクールカウンセラーと教師との連携が、常に子どもを意識した、子どもを中心としたものであるということです。つまり、スクールカウンセラーから教師への連携においては、いわゆる児童・生徒理解において専門家の視点からの理解が子どもの支援に有益であること、また教師から子どもへの関わりにおいても、スクールカウンセラーとのコンサルテーションによる連携によって、教師の子どもへの理解や支援の幅が広がり、より子どもの成長にとってプラスになることを常に意識しておくことです。また、折にふれ教師とこうした意識を確認しておくことが大切です。教師との連携が子どもの支援にとって、どのようなプラスの効果をもたらしたかを常に確認するようにしておくと、連携による軋轢を生む可能性が低くなり、連携の質がより高まっていくと考えられます。

スクールカウンセラーの出会った印象的な先生

胸をド突かれた校長先生

私の派遣された中学校は比較的、生徒指導上の課題の多い学校が多かったのですが、中でも非常に多くの課題を抱えた学校に行ったときのことでした。その学校は地域的にも多くの課題があり、校内でも生徒間の暴力や対教師暴力などが起こり、先生方は常にその対応に追われていました。そのような学校では生徒との関係づくりは重要な職務であり、まず生徒と話ができる関係がつくれるかによって生徒指導や授業にまで影響がありました。

その学校の校長先生はその学校で長く勤めた経験があり、校長になっても気さくに生徒に話しかけ、また生徒からも慕われていました。校長となった現在は直接、生徒指導に関わることはなくなったが、昔はよく生徒と話をして、取っ組み合いになったこともあるということでした。あるとき、生徒の問題行動について必死に話をしていたが、生徒の心にはなかなか伝わらず、次第にその生徒は興奮し、ついには校長先生の胸を殴ってきたことがあったそうです。しかし、その校長先生はここでひるんでは駄目だと思い、生徒が思い切りこぶしで胸をド突いてきたにもかかわらず、微動だにせず、顔色一つ変えずに受け止めたということでした。もともとスポーツをされており、体格もガッチリしていた校長先生だったからできたことかもしれませんが、生徒にしてみると微動だにせず平気な顔をして受け止められたことにはさぞ驚いたと思います。その場はそれで収まり、また指導をしていったということでした。

しかし、胸は相当に痛かったようで、病院で診てもらうと骨に少しひびが入っていたそうです。それでもその校長先生は毎日学校に行っていたということです。

この話は校長先生が若く、正面から生徒にぶつかっていた時代の話ですが、ある意味、このように本当に生徒の壁となり、駄目なことは駄目だとはっきり伝え、受け止めてやる大人が必要なのかもしれません。このような生徒との関わりは、カウンセリングとはずいぶん異なるように思えるかもしれませんが、生徒にとって壁となり、できることとできないことの限界をしっかりと伝えていく、つまり現実に向き合わせていくということは、その方法は違ってもスクールカウンセラーも同じような側面を持っているのではと思われます。そして、その背後には常に優しさがあり、生徒を信じることで何かお互いに通じるものを感じられているのではないかと思えます。

その話を聞いて、私は校長先生との距離が少し近くなったように感じ、またその先生が校長として生徒や周りの教職員からも信頼され、管理職としてその学校におられるのがよくわかるような気がしました。

このように、ときには、多くの経験を積まれている校長先生や教頭先生から話を聞かせてもらう機会を持つのもいいかもしれません。

第 5 章

学校という
組織になじむ

第5章　学校という組織になじむ

1 スクールカウンセラーの学校内での居場所

♣1　スクールカウンセラーの立ち位置を確かめる

　先に述べたように、スクールカウンセラーの制度そのものが学校に新しい職種の専門家を派遣しようというものであり、それは「黒船来航」にたとえられるように多くの波紋をこれまで生み出してきました。したがって、スクールカウンセラーが学校に入って、居場所を得るのはそう簡単なことではありません。これはスクールカウンセラーの配置が始まり、すでに30年近く経ちますが、今でもそのような状況はあり、特にスクールカウンセラーが最近入り始めた小学校では、まだまだ定着していないのが現状です。多くのスクールカウンセラーは居心地が悪く感じたり、自分は何のために来ているのだろうかという疑問を感じたりすることが多いようです。当初はそのような思いを感じながらも、学校での活動が始まって数カ月が経つ頃には、少しずつなじんでいくのではないかと考えられます。

　このことは、スクールカウンセラー自身のこれまでの臨床経験や社会経験、さらには学校側の受け入れ態勢にもよりますが、基本は学校組織の中心である教師との関係性の構築によるところが大きいようです。つまり、教職員とどのような

1 スクールカウンセラーの学校内での居場所

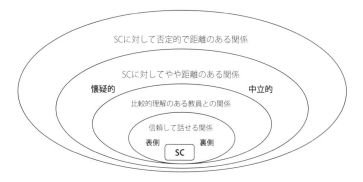

図4 スクールカウンセラー（SC）から見た教員との関係性イメージ

人間関係をつくり上げていけるかということです。これを図で示すと図4のようになります。

　この図で示しているのはあくまでもイメージですが、このように学校の人間関係を理解しておくと、自分の居場所、立ち位置を確かめるのに役立つ場合があります。図の中のスクールカウンセラーに一番近いところは理解度も強く、一緒に活動をしていこうと思ってもらえている教師との関係です。多くはコーディネーターや養護教諭など、教育相談を担当し、日頃よく接する教師との関係が基本です。しかし、これは表側での話であり、実際にはそれ以外にもスクールカウンセラーのことを理解し、一緒にやっていこうと言ってくださる先生も多いです。例えば「実は大学で心理学を学び、カウンセリングには興味があるのです」と言って理解を示してくれた

109

り、話をしてみると出身地が同じであったり、同じ趣味を持っていたりという目に見えないところで何か通じるところがあって、信頼してもらえることもあったりします。このように親しく話ができる教師との関係をどのくらい持っているかで、その学校での居心地というのはずいぶんと違ってきます。

その次の層としては、日頃はそれほど接することはないが、何か子どもや保護者のことでスクールカウンセラーと関わる必要が生じたときに、ある程度の理解を示してくれ、一緒にやっていきましょうという態度を示してくれる教師との関係です。近年の学校の状況としては、ほとんどの教師がそのような意識で接してこられるのではと思います。これはスクールカウンセラーが学校現場に導入されて30年が経過し、スクールカウンセラーというものの立場や役割がおおよそ理解されてきているということの表れでもあります。こうした理解のある先生方が教師のほとんどを占めるようになると、スクールカウンセラーの活動としては非常にやりやすくなり、居心地もよくなります。

その少し外側には、理解はしようとしつつも、やや懐疑的で中立的な先生方がおられます。「カウンセリングで本当に何かが変わるのか?」「若いカウンセラーに保護者は話ができるのか?」「少しやんちゃな生徒が行っても大丈夫なのか?」など、さまざまな疑問を感じ、やや中立的に少し距離をおいてスクールカウンセラーに関わろうとする先生方との関係です。これは教師としては、もっともな疑問であり、ス

クールカウンセラーを中立的に見て、その実績を見極めようという先生方にとっては、実際のスクールカウンセラーの活動そのものを通して、その疑問が解消され、理解が深まるということにつなげていくことが大切です。

　スクールカウンセラーから一番遠くに感じられる層は、最初からスクールカウンセラーの活動そのものを否定的に見て、距離を置こうとする教師との関係です。このような教師との関係は最もスクールカウンセラーが苦労するところであり、最初からカウンセリングそのものを否定していたり、連携の意識がまったくなかったりするので、関わりそのものが難しくなります。この層の教師の話を聞くと、何かカウンセリングに対するアレルギーのようなものがあったり、あるいは教師以外の専門家というものに対する理解や関心がなく、教師が（あるいは自分が）すべて正しいのだという意識を持っておられたりします。また、教師として学級経営や子どもとの関わりに自信を持っており、カウンセリングなどをするよりは、子どもは体当たりで接したらそれで十分なのだという考えのもと、スクールカウンセラーとの連携を必要としないという方もおられます。教師として、また担任として自分の関わりに自負を持つのは必要なことですが、最近の子どもの様子を考えると、担任だけですべてを抱えて、他との連携をまったく考慮しないでやっていくというのは難しいように感じられます。

　スクールカウンセラーとしては、同じ職場の中でこのよう

な意識を持った教師とも接していく必要があり、ときには厳しい言葉でカウンセリングを批判されたり、連携を拒まれたりすることがあります。実際にそのような発言や態度を示す教師は少ないですが、少しでもそのような意識が相手に感じられると、スクールカウンセラーとしてはひどく傷つくことになり、気持ちがめげることもあります。私自身の体験でもそのようなことを教師から言われ、帰宅する電車の中で茫然となったことがありました。そしてそのような体験を何回も繰り返すことになると、学校の中で居場所がなくなり、居心地も悪くなります。

　このように、学校内でスクールカウンセラーの居場所を確保していくには、教師とどのような関係を築いていくかが大きく影響します。まずはコーディネーターを中心に、信頼できる先生方との関係をしっかり持っておくことが大切であり、それとともに中立的な先生や、やや批判的にみている先生方とも、ほどよく距離をとりながら誠実に接していくことが大切です。

♣2　面接、研修などの活動を通しての居場所

　先に述べたように、スクールカウンセラーの活動に対して、初めから理解を示して親密な関係ができる先生もおられますが、現実にはほとんどの先生はスクールカウンセラーとはどんな存在であり、どんなことができる人であるのか、と注意

深く見ていることが多いのではと思います。

　つまり、スクールカウンセラーとして学校内での居場所を確保していくには、まずは自分の専門分野である面接や先生方とのコンサルテーション、あるいは教師や保護者への研修会における実績を積み上げていくことが大切です。

　生徒や保護者が相談室に入っていき、面接後にどのような表情で出て来て、どのような行動を示すのかによって教師の受け止め方も違ってきます。生徒や保護者から「いろいろと聞いてもらってよかった」「話をして少し楽になりました」と言ってもらい、次の予約をとって面接が継続していきます。そして、何回か面接を続ける中で、親の子どもへの理解や接し方が変わってきたり、子どもの表情が柔らかくなったりすると、周りで見ている担任をはじめ教職員にとっても、相談室に行って面接を受けることが何か意味があり、子どもや保護者の支えになっているのだろうという評価につながっていきます。

　そのような面接を通して保護者や子どもの理解が深まれば、それを担任などへコンサルテーションとして伝えることになります。その際に、スクールカウンセラーとしていかに現状の子どもの様子を理解し、またその子どもの抱えている課題は何であるかを適切に説明し、今後の支援の方向性やそのタイミングについて、専門家としての見立てを伝えることができれば、担任にとって大きな助けになると考えられます。このようなスクールカウンセラーからのコンサルテーションが

第5章　学校という組織になじむ

何回か繰り返され、そのことが教師にとって役立つもの、子どもの支援につながるものであると実感されることによって、スクールカウンセラーと教師の信頼は少しずつ深まり、また当初抱いていた疑問や不信感は薄れていくはずです。

　一方で、スクールカウンセラーが教師への研修会や保護者への講演会などで話す内容も大切です。それはスクールカウンセラーの基本的な考え方を周りの人に示す貴重な機会になり、その内容によって理解が深まり親近感がわくこともありますし、逆に信頼感が低下する可能性もあります。スクールカウンセラーと教師との専門性の違いを強調するあまり、教師としての関わり方をやや批判的に取り上げたり、子どもと保護者の葛藤について、子どもの立場に立ちすぎて親を責めるような発言をしてしまったりすることのないように注意しましょう。また、何度も専門的な言葉を使って専門家としての立場を強調しすぎたり、やや上の立場・目線から発言をしたりすることにも気をつける必要があります。つまり、まず子どもを中心において、支援には担任をはじめ、保護者や関係する教職員、クラスの生徒などの周りの人間がみんなで協力して関わる必要があることをきちんと踏まえ、その中の1人として、つまりチーム学校の一員としてスクールカウンセラーも参加しており、一緒になって関わっていきたいという謙虚で誠実な姿勢が求められます。そのような姿勢で教師や保護者に話をすると、少しずつ親近感を持ってもらい、信頼感も増していくのではと思われます。

このように、日々の面接やコンサルテーション、あるいは教師や保護者への発言を通して、少しずつスクールカウンセラー個人として学校で理解され、居場所を得ていくことができます。初めて学校に入ったときは周りからさまざまな目で見られ、居心地が悪いと感じることがあるかもしれませんが、ここまで述べたような活動を通して、居場所は自ら少しずつつくっていくものだと考えておく方がよいでしょう。

2 居心地の悪さを感じる場合の工夫

　学校に派遣されたスクールカウンセラーは、さまざまな取り組みを通して、学校になじんでいくことになりますが、場合によってはなかなかそれがうまく進まず、学校での居心地が悪く感じることが続く場合があります。これはスクールカウンセラーとしては非常に厳しい状態であり、何とか改善したいと思いながら、その糸口すら見つからず、ときには無力感に陥ることさえあります。

　そのような場合は、まず2つの視点から検討してみることが必要です。1つは学校側の要因として、何かスクールカウンセラーがうまく機能しない原因があるのではないかということ。もう1つはスクールカウンセラー側の要因として、何か見落としていることはないかということです。

♣ 1 学校側の要因として

　まず学校側の要因として考えられるのは、その学校の歴史的な経過や組織上の機能不全と思われるようなものです。スクールカウンセラーとしては、できるだけ学校側のスクールカウンセラーに対するニーズをキャッチし、またコーディネーターとも連携をとり、学校組織の中で少しずつ理解を深めてもらい、活用してもらおうとしますが、その思いがなかなか伝わらないことがあります。そこにはその学校のこれまでの歴史が関係していることがあります。例えば、以前は教育相談やカウンセリングというものを重視していたが、それが行きすぎてクラス運営がうまくいかなかったり、生徒指導上課題の多い生徒に対し、厳しい態度で接する必要性が生じ、その結果、教育相談やカウンセリングというものにかなり否定的であったり、あるいはアレルギーがあったりする場合です。こうしたことは、その学校の歴史・文化であり、スクールカウンセラー個人に対する思いというよりは、それ以上のもっと大きなカウンセリング、あるいはカウンセラーというもののイメージに対するものなので、スクールカウンセラーやコーディネーターがいくら頑張ってもそう簡単に変わるものではありません。一時、スクールカウンセラーが幕末の黒船にたとえられ、閉鎖的な学校（日本）に外部（外国）から派遣されて、学校全体を変えていく（開国）というようなこ

とを期待されたことがありましたが、学校という非常に大きくて強固な組織に、スクールカウンセラー1人で関わって変えていこうというのは相当のエネルギーのいる話であり、スクールカウンセラー自身が消耗してしまう可能性もあります。

さらに、その学校の歴史・文化と関連して、現在の学校の組織・構造の機能不全とも思われるような状況も考えられます。つまり、学校の組織構造において、大きな断絶や対立などが隠されており、そのためにいくらスクールカウンセラーやコーディネーターが連携をとろうとしても、すべてがその断絶や対立により打ち消されてしまう状態です。例えば、図4で説明した教職員の層構造の中で、教育相談やカウンセリングに理解のある教師と、その周りのそうでない教師との間に非常に深い溝があり、いわゆる「教育相談か生徒指導か」というような激しい対立関係があったり、あるいは学校の管理職とその他の教師との関係に溝があったり、校長と教頭との間に微妙な意識のずれがあり、それによって教職員が振り回されていたりする組織の構造によって、学校の運営というのはずいぶんと変わってきます。また、スクールカウンセラーがその組織の対立の中に巻き込まれたり、あるいははじき出されて排除されてしまうこともあります。教師も人間であるので、学校という組織においてもさまざまな人間関係が働き、微妙な力関係があることは想定しておく方がいいと思われます。しかし、このような学校の組織構造は、なかなか外から見えにくいものであり、まして週に1日しか勤務しない

スクールカウンセラーにとっては非常に実態がつかみにくいところです。このような状況がある学校に派遣されたスクールカウンセラーは、居心地としては落ち着かず、あるいはなかなか活動に手ごたえが得られず、何か違和感を持つことが多いようです。そこで、その違和感を手がかりにして学校全体を眺めてみる「学校アセスメント」が重要になります。つまり学校全体を眺めてみて、この組織構造の中で、どのような動きが起こっており、どのような人間関係の力動が働いているかが少しでも見えてくると、スクールカウンセラーの居心地の悪さについても理解が深まり、少し楽になります。学校そのもののアセスメントが深まることで、スクールカウンセラーが巻き込まれて苦しくなったり、なかなか居場所が見つからず無力感に陥ることを未然に防ぐことができます。

　ただ、このような学校全体のアセスメントというのはなかなか見えにくいものであり、特に経験の浅いスクールカウンセラーにとって学校組織全体を見るという視点を持つことは難しいことです。その際に助けになるのは、スーパーヴァイザーの存在であり、特に学校の組織や教師の動きなどに詳しいスーパーヴァイザーがいれば、カウンセリングの理解とともに、学校組織全体のアセスメントについての助言を得ることもでき、居心地の悪さの要因について理解を深められます。

♣2　スクールカウンセラー側の要因として

　次に、居心地の悪さについてのスクールカウンセラー側の要因を考えてみたいと思います。

　スクールカウンセラーとして一生懸命、生徒や保護者、また教師と関わり、連携をとってやっていこうとしてもどうしても教師との関係がうまくつながらず、居心地が悪いという場合、スクールカウンセラー側の考えられる要因は、その実績と態度に関するものではないかと思われます。

　すでに、図4で説明したように、初めからスクールカウンセラーに対して理解があり協力的な先生もおられますが、多くの先生はやや中立的で、「スクールカウンセラーというのは何ができるのだろうか」と期待と疑問を持ちながら様子を見ている場合が多いでしょう。そこで問われるのは専門家としての技能です。心の専門家として子どもや保護者と面接し、そこでどのようなことが行われ、またそれがどのような影響・効果をもたらしているかを周りは見ていることを、スクールカウンセラーとして常に意識しておく必要があります。また、その実績としてもっともわかりやすいのは、子どもや保護者の変化であり、学校や家庭での様子が少し変わってきたり、表情が明るくなることで、カウンセラーへの見方は少しずつ変わってきます。逆に、面接をしてもなかなか継続せず、子どもや保護者から「もうあそこには行きたくない」「行ってもあまり意味がない」というような発言が出てくる

と、カウンセラーに対する見方は非常に厳しいものになります。こうなるとスクールカウンセラーとしての専門性が問われ、居心地としては悪くなります。

クライエントのすべての要求を受け入れる必要はありませんが、そのクライエントが今何を求めており、そのニーズに合わせてスクールカウンセラーとして何ができるか（できないかも含めて）をきちんと伝えることができ、一緒に考えていきましょうという雰囲気をつくることがまず大切です。それができると多くのクライエントは継続して相談に来ることが多くなります。そしてこれは心理臨床家としては最も基本的な技能です。

ただ、カウンセリングの効果はそう簡単に目に見えるものではなく、変化というものもすぐには表に出てこないことが多いでしょう。そのような場合でも、スクールカウンセラーとしての見立てをきちんと立て、今何が起こっており、どのような内的な動きがあるかを理解していることが重要であり、それを適宜、担任などにコンサルテーションという形で伝えていけるかも大切です。なかなか目に見えない子どもや保護者の心の動きをわかりやすい言葉で説明し、また面接においてどのような状態にあるのか、それはクライエントのどのような発言や表情・態度から理解できるかを、教師が納得できる形で伝えていく必要があります。そこには、クラス運営についての担任のニーズもあり、そのニーズにも沿いながら、他方で守秘という問題も気にしながらコンサルテーションを

行うことになります。したがって、コンサルテーションとい
うのはかなりの技能を必要とするものであり、スクールカウ
ンセラーの学校での評価・居心地を左右するのはこのコンサ
ルテーションのやり方によるところが大きいとも言えます。
つまり、面接は行っているが、周りからは何をやっているか
まったくわからず、教師との連携をとろうとしていなかった
り、コンサルテーションを行っても非常にわかりにくい説明
であったり、あるいは担任のニーズとずれていたりすると、
スクールカウンセラーとしての活動はなかなか理解されず、
居心地の悪い状態になる可能性があるということです。

　このように、スクールカウンセラーの学校での居心地の悪
さを理解する１つの要因として、スクールカウンセラーとし
ての技能の問題が考えられます。特に学校では、さまざまな
思いを抱いた保護者との面接や、教師としてプライドを持っ
ておられる担任とのコンサルテーションなど、かなり高度な
専門性を必要とするところがあり、特に新任のスクールカウ
ンセラーにとっては苦労するところが多いでしょう。最近は、
臨床心理士や公認心理師の資格をとってすぐにスクールカウ
ンセラーになっていかれる方も多いですが、できれば子ども
や保護者ときちんと構造化された面接を数ケースは担当した
経験を持った上で、他の専門職との連携などの経験があると、
スクールカウンセラーとしてスムーズに機能することができ
ます。いずれにしても、スクールカウンセラーには、重層的
な見立て（内田、2021）や多様な連携など高度な技能が求

第5章　学校という組織になじむ

められるので、できればそのような学校臨床に詳しい経験の
ある臨床家にスーパーヴィジョンを受けながら、活動を実践
することをお勧めします。

次に、学校での居心地の悪さを理解するもう1つの要因と
して、スクールカウンセラーの社会性という問題が考えられ
ます。これについては次節で詳しく述べたいと思います。

3 社会人としての スクールカウンセラーの心得

♣ 1　礼儀・作法

学校というシステムは1つの組織・社会であり、当然その
中に入っていくスクールカウンセラーにも1人の社会人とし
ての資質が必要になります。社会人としての「礼儀・作法」
がきちんとできるかが、学校での周りからの受け入れや居心
地のよさに大きく関係してきます。スクールカウンセラーの
居心地はまずはその専門性によって評価されると先に述べま
したが、その一方で、学校という組織はかなり情緒的なつな
がりの強いところであり（その分、閉鎖的であるとも言われ
ますが）、またそこが教育の場ということもあり、日頃の礼
儀・作法といった態度によって周りの印象もかなり異なりま
す。そして、スクールカウンセラーの居心地もずいぶんと変

わってきます。

　スクールカウンセラーに求められる態度に関して、中村（2003）は非言語的なメッセージとして「服装、髪型・化粧、きびきびとした動作、不快感を与えない表情、適度な感情の表出」の重要性を指摘しています。これは、スクールカウンセラーに限らず一臨床家として、また一社会人としても仕事をしていく上で必要になるものでしょう。

　また、面接場面における身だしなみについて、松木（2010）が詳しく述べていますが、特に服装に関してスクールカウンセラーは注意する必要があります。なぜなら、中学校という思春期の子どもたちのいる場に入るため、肌の露出や髪形、服飾品については、子どもたちへ与える影響も大きく、そこは教師も非常に気にしているところだからです。特に女性のスクールカウンセラーが夏場に肌の露出の大きな服を着ることはできるだけ避けた方がいいでしょう。どうしても着る場合は、上に何か羽織るものを用意しておきます。学校では生徒に髪の毛を染めたり、脱色したりするのを禁止しているので、当然、教職員の１人であるスクールカウンセラーもその原則は守っていきたいものです。ピアスやイヤリングについても生徒は禁止されているのでスクールカウンセラーとしても控えた方がいいと思われます。また、職場としての学校に、あまりにラフなジーンズにＴシャツといった格好でサンダルで行くのは、周りから何をしに来ているのだろうかと思われる可能性があります。ただこれは、オシャレを

してはいけないということではなく、社会人としてふさわしい服装を心がけるということです。そこに自分なりの個性やこだわりがあってもいいでしょうし、ファッションやオシャレは子どもたちにも関心のあるところであり、そこから話題が広がるということも十分にあります。

　次に考えられるのは学校でのあいさつです。朝行ったら「おはようございます」、帰るときは「お疲れさまでした」「お先に失礼します」といった何げない声かけが社会人としてはとても大切になります。その際、"きびきびとした動作"とあるように、はっきりとした言葉で相手の目を見てきちんと伝えることができれば、スクールカウンセラーの印象もかなり違ってきます。ただ、あいさつについては実際はなかなか難しいところがあり、朝、職員室に入ってあいさつしても誰も反応しないということも起こり得る可能性があります。これは私自身も経験したことがあり、こちらからあいさつや声をかけても反応が返ってこないのは、やはり辛いものがあります。しかし、それでもあいさつは社会人として大切な礼儀です。ある若いスクールカウンセラーは、職員室であいさつをしても誰も振り向きもしてくれないが、それでも毎回大きな声であいさつして入るようにし続けたと語っていました。

　朝、誰かに会ったら「おはようございます」、何かしてもらったら「ありがとうございます」、何かを頼むときには「よろしくお願いします」とごく普通の礼儀ができることがスクールカウンセラーにとっても大切です。学校という組織

も社会の中の一部なので、社会人としての礼儀・作法が大切になるのは当然のことです。

2　雑談する能力

　次に、教職員と日頃の関係をつくる上で大事になるのは、職員室などでちょっとしたときにかわす雑談、つまりは世間話と言われるものです。

　学校という組織は校務分掌などによってかなり組織づけられている側面もありますが、その一方で非常にあいまいな組織であり、また上下の関係も不明確なところがあります。そして、そのようなあいまいな組織の中で仕事をしていくには日頃の教師との関係が大きく影響してきます。関係づくりの基本は日常的な会話であり、雑談ということになります。学校（特に職員室）における会話は、基本的には児童・生徒に関する内容がほとんどであり、それに関連して授業の様子や休み時間、部活動での様子などが語られます。

　例えば、部活動の話をする中で、サッカー部の顧問の先生が自分がいかに中学の頃からサッカーが上手で、一時はＪリーガーを目指して頑張っていたという話を聞けたりします。また他の先生は、学生時代にワンダーフォーゲル部に入り、全国各地の山々を登ってきたこと、そのとき嵐に遭って命を落としそうになったことなど、いろいろな話が出てきます。ある理科の先生は絵が好きで、家に小さなアトリエがあって、

夜遅く1人になれる時間になると、キャンバスに向かってひたすら油絵を描くという方もおられました。このように先生方と個人的な体験や趣味について話せると、少し先生との距離が縮まることになり、今後のスクールカウンセラーの活動にも活きていきます。

さらに、先生によっては、自分の家族の話や子どもの話が出てくることがあり、1人の親として子どもの進学や勉強について悩んでいる様子がわかります。教師の子どもも学校に行きにくいことがありますし、勉強がわからないということもあります。そのような子どもにどう関わっていくかは親として共通に感じる大きな問題です。また、嫁姑の関係や自分の身体の不調についてなど、職員室での会話には雑多な内容が出てくることがあり（それゆえ雑談と言うのですが）、それにスクールカウンセラーが耳を傾けて聞いていくことは大切です。スクールカウンセラーが教師とは違う立場であるということもあり、先生方にとってはいろんな話がしやすい部分もあるようです。このような無関係な話こそが、実は教師にとっては一番の悩みであり、スクールカウンセラーに対する信頼を形成する上で大きな意味を持つことがあります。

したがって、スクールカウンセラーにとってはできるだけ職員室に顔を出し、少しでも時間の空いた先生と気軽に雑談ができるような態度も大切になります。ときにはテレビドラマに対する勝手な批評や男女関係に関する内容が語られることもあり、やや素直に聞きにくい場合があるかもしれません

が、それも教師の関心事の1つだと理解し、耳を傾けていくようにします。

　雑談では、スクールカウンセラー自身の個人的なことについて聞かれることがあり、学生時代の体験やどうしてカウンセラーになろうと思ったか、また子どもはいるのかといったかなりプライベートな質問が出てくることがあります。心理面接の場であれば、このような問いに答えるのは慎重であるべきですが、雑談の場では適度な自己開示も必要です。質問が出てくるというのはそれだけスクールカウンセラーについて関心を持っているということであり、またスクールカウンセラーについて知ってもらうよい機会として捉える方がいいでしょう。人と人との関係はそのような日常的な雑談を通して形成されていく部分が大きいので、柔軟に対応していくことが求められます。

　もっとも、いくら雑談が重要だからと言っても、そこは学校という職場であり、周りへの迷惑や管理職にとっての職場の雰囲気づくりという側面もあるので、大きな声で雑談ばかりしていたり、それによって仕事がおろそかになることのないようにバランス感覚を持って注意することが必要です。こうした何気ない雑談を通して、スクールカウンセラーは学校の中で居場所を得ていき、それによって居心地がよくなるということにもつながります。

第 5 章　学校という組織になじむ

4 対人関係の専門家としての スクールカウンセラーの振る舞い

♣ 1　スクールカウンセラーとしての倫理観

　カウンセラーは人間の心の問題を扱う専門家として、高い倫理性が求められるところがあります。スクールカウンセラーの倫理観について「自己の力量と限界を意識し、適格性を評価し、その範囲内においてのみ専門的活動を行うことの自覚をもって活動し、自己愛のために援助対象者を利用しない」（馬殿、2008）という指摘もあります。この"自己愛のため"を別の言葉で表現すると、「自己の利益のために」あるいは「自己の名声や自己満足のために」援助対象者を利用しないと言い替えることができます。

　自己の利益のためにというのは、例えば、担当している子どもが学校の中ではなく、外部の相談機関を紹介してほしいと申し出たとき、そのケースを自分が所属している相談機関やカウンセリング室に紹介して、そちらで引き続き担当するということにしたとします。この場合、自分の利益のためにスクールカウンセラーの活動を利用していると受け取られる可能性があります。こうしたときは自分がカウンセリングを行っている相談機関を紹介するだけではなく、「他の関連する専門家・専門機関に紹介をし、対象者の自己決定を尊重す

128

ること」と臨床心理士の倫理綱領にも規定されています。つまり、「カウンセラーは専らクライエントの福祉・人権を考慮し、その自己決定権を尊重することが何よりも大切なこと」（出口、2009）を十分に意識し、個人的な利益のためにスクールカウンセラーの活動を利用してはならないということです。これは、スクールカウンセラーが学校という公的な機関の一員として活動するという意味においても、できるだけ公の立場ということを意識して、個人的な利益というものが優先されることがないように十分に気をつける必要があります。

　さらに、学会での事例報告などにおいて、まずはクライエントの了解を得ることが前提ですが、それとともに学校長にも了解を得ておく必要があります。プライバシーや人権の保護には十分に注意しなければなりません。スクールカウンセラーはよく講演会を依頼されることがあります。そういう場で事例を取り上げて語る際も、自分の名声や名誉欲に動かされて、ことさら大げさに話をしたり、誇張して話をして、自己満足のために利用することがあってはならず、持つべき倫理観として「相談者の人権や尊厳を傷付けるような表現は、厳重に戒めねばならない」と倫理綱領に規定されています。

　基本的に事例を取り上げる際は、カウンセラーはクライエントのプライバシーや人権に十分配慮し、個人が特定されることがないように細心の注意を払います。また事例に限らず、学校の中で知り得た情報については守秘義務があり、学外の

第5章　学校という組織になじむ

第三者にむやみに話すことがあってはなりません。

　次に、スクールカウンセラーの倫理観として、身体接触の問題があります。学校現場では、子ども同士よくふざけ合って、腕を引っ張ったり、肩を押したりして触れ合って遊ぶことが多いでしょう。小学生だと先生に対してじゃれ合ってぶつかってくることがあります。これは、スクールカウンセラーに対しても同じようなことが起こる可能性があることを意味します。相談室の自由開放のとき、複数の生徒がやってきてしゃべりながらスクールカウンセラーを突いたり、くすぐったりして触れてくることがあります。それに応じて、スクールカウンセラーも子どもをくすぐったりすると、場合によっては「触られた」と受け取る子どもがいるかもしれません。ましてや1対1の面接の場においては、クライエントの横に座ることさえ慎重である必要があり、身体的な接触はどんな場合でも許されないというぐらいの心構えが必要です。そして、もしどうしても接触を持たざるを得ない場合には、それがその子にとってどのように受け取られているかを十分に吟味して、誤解がないようにきちんと伝わっているかを感じとりながら行うのが、スクールカウンセラーに必要な倫理観です。

　さらにスクールカウンセラーの倫理観として、自分の発言や行動は、常に専門家の振る舞いとして相応しいかを意識しておく必要があります。それはカウンセラーとしての適性を問われる場合があるからです。例えば面接中の子どもが、大

130

きな悩みを抱えており、家でリストカットをし、病院に運ばれるということが起こった際に、場合によっては、保護者からスクールカウンセラーとのカウンセリングは適切であったのかを問われ、訴えられるということも考えられます。そのときに重要になるのは、カウンセリングの実態がどうであったか、つまり「一般的なカウンセリング水準に照らして逸脱したカウンセリングが実施されたか否か」（出口、2009）が問われるということです。スクールカウンセラーは学校においては唯一の心の専門家であり、これが専門家としての関わりだと自分が判断すれば、それを周りからチェックされ、ストップさせられることはほとんどありません。それゆえ常に自らの行動や発言に対して、「一般的なカウンセリングの水準」から見て逸脱したものになっていないか（例えばクライエントと携帯のメールでやりとりをしていることなど）をチェックする意識づけを持っておくことが大切です。このように、スクールカウンセラーは日々、心の専門家として自己研鑽を積んで、常に「一般的なカウンセリングの水準」とはどのようなものであるかを意識しておくことがスクールカウンセラーに求められる倫理観です。

🍀2　ハラスメントの問題をめぐって

　次に、学校においてもう１つ、対人関係上の大きな問題として出てくるのはハラスメントの問題です。これにはパワー・

ハラスメント（地位・権力・権限を利用した嫌がらせ）やセクシャル・ハラスメント（性的嫌がらせ）が考えられます。

　学校という組織はかなり曖昧なところがあり、雑談などによる個人的なつながりが大切になったりしますが、その曖昧さゆえに個人的な関係に巻き込まれる可能性も大きくなります。その１つがハラスメントの問題です。特にスクールカウンセラーは女性の比率が高いので、セクシャル・ハラスメントを受けるという可能性も十分に考えられます。榊原（2010）の研究によれば、学校現場で起こるわいせつ事件の件数は一般の職場に比べ高く、それだけ学校は性の問題に対して多くの問題や課題を抱えている環境であると考えられます。

　ここで、いくつかのパターンについて考えてみたいと思います。

　まず、よくあるのは職場での軽い会話、からかいとしてのセクハラ問題です。これはどのような職場でも起こり得る問題ですが、日常の雑談として女性の容姿や振る舞いを取り上げ、「かわいい」「きれいだ」「美人だ」「色気がある」「痩せている」「色が白い」といった言葉を発することは、話し手としては相手をほめようとしている場合もあるのですが、女性にとってはそれが不快に感じられる場合があります。職場の雑談において、特に若い女性に対して親しみの思いでからかったり、冷やかしたりすることがありますが、それが性的な意味合いを含んでいることもあります。

4 対人関係の専門家としてのスクールカウンセラーの振る舞い

　女性の比率の高いスクールカウンセラーにおいて、このような事態に遭遇する可能性は十分に考えられます。その際に大切なのは、そのように言われることは不快であり、特に性的な内容を含む場合は嫌であるとはっきりと伝えることです。実際にそうしたことを伝えるのは難しいかもしれませんが、にこにこ笑ってごまかそうとしたり、その話を楽しんでいる様子を見せたりするとエスカレートしていく可能性があります。そこは毅然とした態度で、"不快である"ということを上手に伝える必要があります。そのような発言に対して「冗談が通じない」「堅い」と言われるかもしれませんが、それはまったく見当違いな発言です。最近はどのような職場でもハラスメントの問題は大きなテーマであり、1人の大人として不快に感じることははっきり伝える方がいいでしょう。これは学校という職場でもまったく同じであり、特に外部から入っていくスクールカウンセラーにとっては大切な感覚です。そしてもしそのようなことが頻繁にある場合は、コーディネーターや親しい女性の先生などに相談してみることも大切です。

　また、スクールカウンセラーはコンサルテーションという形で、1対1で担任や管理職と会話することがあり、その中で個人的な感情を向けられたり、ハラスメントと考えられる発言をされたりすることもあり得ます。学校という場は、意外と個人的な相談を持ちかけられたりする機会が多く、また閉鎖的な社会でもあるので、個人的な感情を向けられること

第 5 章　学校という組織になじむ

も多いです。しかも、それが面接室や相談室という個室の中で起こっているので外からはなかなか見えにくく、スクールカウンセラーが 1 人で抱え込んで苦しむことになります。「自分が上手く動けていないのでこのような嫌がらせを言われても仕方ない」「自分が女性として未熟なのでこのようなことを言われるのでは」と感じてしまうと、なかなかその不快な発言を拒絶することができず、また他の人にも相談しにくくなります。しかしその場合でも、まずはっきりと嫌であるという意思を伝え、それ以上近づかれたり、嫌な発言をされたりすることは不愉快であり、一緒に仕事をしていくことが不可能であることを、相手に伝えるべきです。これは最初の段階で伝えるべきであり、何回か会って関係ができてくるとかえって言うことが難しくなり、エスカレートすることになります。特に異性としての感情が絡んでくる場合は、何回かそういうことが繰り返されると、ますますお互いに感情的にギクシャクしてきて、ついにはストーカー的な行動を引き起こすことにもなりかねません。まずは自分の安全・安心を確保し、できるだけ個人的に接することがないように、自分が嫌がっていることははっきりと伝えていくしかなく、それでもハラスメントが治まらない場合は、第三者に相談するべきです。同性の親しい先生（コーディネーターや教育相談担当、養護教諭など）やスーパーヴァイザーに相談し、まずは現状を客観的に見てもらいます。ハラスメントの問題は、なかなか自分では見えてないところがあったりするので、でき

るだけ早めに誰かに相談して、1人で抱え込まないことが大
切です。

スクールカウンセラーの出会った印象的な先生

優しすぎた校長先生

スクールカウンセラーが派遣された学校の校長先生とそれ
ほど頻回に会うことはありません。年度の初めや終わり、
何か相談などがあるときに会うぐらいなのですが、その校長先
生はよく廊下を掃除しておられ、前を通るたびに笑顔で話しか
けてくださり、何回か話をしたことがありました。その校長先
生は子どもたちや学校全体のことを考え、少しでもいい方向に
向かうようにと考えておられ、廊下にゴミが落ちていれば自ら
掃除してきれいにし、スクールカウンセラーに対しても活動し
やすいように配慮して下さいました。

それから数日後に、その校長先生が亡くなられたという情報
が飛び込んできました。自ら命を絶たれたということでした。
私は非常に驚き、"どうしてあの校長先生が"という思いでい
っぱいでした。後から話を聞くと、いろいろと悩んでいたこと
があり、かなり追いつめられていた状態だったのではないかと
いうことでした。私と会ったときは、いつも笑顔で、「カウン
セリングの方はどうですか」と優しく声をかけてくださった情
景は今でも忘れることはできません。それとともに、その笑顔
の奥で、さまざまな悩みを抱え、校長として苦悩されておられ
たことを知り、衝撃を受けました。

第 5 章　学校という組織になじむ

　そして、学校長という職は、学校で起こるすべての問題の最終責任者であり、多くの子どもたちの安全と成長を託された学校の中心であり、またさまざまな個性を持った教職員を統括して運営していくのは、相当の重圧がかかる立場であることがしみじみと感じられました。したがって、校長先生には優しさとともに、その重圧に耐える強さ、厳しさが必要であり、また多くの問題の最終判断をしなければならない孤独な立場であることがわかりました。

　あるとき、別の校長先生が定年退職を 1 カ月後に控え、無事退職を迎えられたら、「どれほど気持ちが楽になり、ゆっくりご飯が食べられるかと思うと楽しみである」と語られたのが印象的でした。それほど学校長という立場は心休まるときがなく、ストレスにさらされているのだろうと思います。特に最近は、地域や保護者からの要望も多く出されるようになり、また緊急時にはさまざまな対応を迅速にとらないといけないという状況があり、学校の最終責任者としての立場はますます重圧のかかるものになっているように思われます。

　したがって、私はできるだけ校長先生ともお話しし、学校の話だけではなく、さまざまな雑談を通して校長先生の思いを聞き、また少しでも気持ちが楽になればと願って接するようにしています。

第6章

スクールカウンセラーの限界と他機関との連携

第6章　スクールカウンセラーの限界と他機関との連携

　スクールカウンセラーの活動は 1995 年度の派遣開始以来、多くの実績をあげ、多くの保護者から期待を持たれるようになっています。一方で、スクールカウンセラーとしての資質や技能の向上が求められています。そのような現状の中で、今一度その活動を振り返り、スクールカウンセラーとして「できること」と「できないこと」を整理し、活動の限界について考えておくことが、さらなるスクールカウンセラーの発展や向上につながると考えられます。

　そこでここでは（1）子どもの抱える問題、（2）スクールカウンセラーのシステム、（3）時間、という視点からスクールカウンセラーの限界について考えてみたいと思います。

　スクールカウンセラーにはいろいろなことに関わり、支援を積極的に行いたいという意識の強い人が多いようです。しかし他方でスクールカウンセラーとしての限界を意識しておくことは、「自己の力量と限界を意識し、適格性を評価し、その範囲内においてのみ専門的活動を行うことの自覚をもって活動し、自己愛のために援助対象者を利用しない」（馬殿、2008）という指摘にあるような倫理的な問題とも関連する大切なことであると思います。つまり、スクールカウンセラーとしてできることとできないことがあるという意識を持ち、すべてのことを自分だけで解決できるわけではないという謙虚な姿勢を持つことは非常に重要なことです。

1 子どもの抱える問題の限界

1 発達上の問題

　最近の学校教育の課題の中でも特に注目されているのは発達障害に関する問題です。ADHDや自閉スペクトラム症と言われる広汎性発達障害の子どもたちが、かなりの割合でいるのではないかと言われています。発達障害についての概説や支援についての本はすでにたくさん出ていますので、まずはそれぞれの障害の特徴をしっかりと頭に入れておきたいものです。ただし、このような発達障害の診断をきちんと出せるのは医師だけです。スクールカウンセラーとしては、発達障害に詳しい児童精神科医のいる医療機関や児童相談所などと連携をすることになります。スクールカウンセラーはあくまでも心理職としての立場であり、たとえ説明のためであっても軽々しく発達障害の診断名を口にするのは控えた方がいいでしょう。こちらがそのつもりでなくても、スクールカウンセラーがそのように考えているということが学校側に伝わると、それで確定したかのようになり、診断名だけが独り歩きすることになりかねません。このように、発達障害の問題、特にその診断においてはスクールカウンセラーには限界があり、医療との連携が必要になってきます。

139

では、スクールカウンセラーは発達障害の問題にはあまり関われないかというと、決してそうではなく、重要な機能があります。

まず1つは、担任や保護者を含め、子どもの気になる行動を通して、発達障害の可能性を視野に入れ、医療機関につないでいくという機能です。学校の先生方が子どもの衝動的な行動や融通のきかなさに困っており、保護者も学校にうまく適応できないわが子に手を焼いている可能性があります。そのようなときに、スクールカウンセラーという専門家の立場からみて、発達的に気になるところがあり、発達的な障害の可能性があるということを保護者や担任に上手に伝えて、医療機関に相談に行ってみてはと促すことは重要な役割です。その結果、子どもの問題がよりはっきりわかり、今後の関わりや学校での支援体制がとりやすくなるということも考えられます。このことは、小学校のスクールカウンセラーにおいては特に重要な役割であり、教室で落ち着きがなく、暴れたり、パニックを起こしたりするようないわゆる「やんちゃな子ども」の中に、発達的な問題を抱えている子どもがいる可能性は大きいです。その一方で、保護者の中には、周りの子どもにいじめられていると理解していたり、担任の対応がよくないので落ち着かないのだと担任を非難したりする方がいるので、スクールカウンセラーとしては親の思いに配慮しながら、発達的な問題の可能性を慎重に伝えていくことになります。このように、医療機関につなげるまでのさまざまな思

いをくみ取り、保護者自身に少しずつ受け止めてもらうようにするのはスクールカウンセラーとしての大切な役割です。

　次に、医療機関につながっている、いないにかかわらず、学校としてその子どもにどのように関わっていくかを考えるのは同じことです。医療機関で診断がはっきり出ている方が支援の計画は立て易いですが、そうでない場合も、その可能性を含めて学校としては取り組んでいくことになります。これは特別支援教育と言われるもので、「特別なニーズを持った子どもたちのそれぞれのニーズに合った支援の方法について考えていこう」というものです。特に発達的な障害を持った子どもの場合は、その特性に合った特別の配慮や関わりを求められることになるので、その子なりの関わりを考えていく必要があります。ここで重要になってくるのは、診断のあるなしにかかわらず、その子の特性や能力をどのように見立てていくかというアセスメントの方法です。スクールカウンセラーはその子の日頃の行動や発言、また先生からの情報や家での様子、発達検査の結果などを総合的に判断して、その子の抱えている特性（苦手な領域と得意な領域）について見立てを行っていくことになります。これは診断とはまた別の、心理専門職としての子どもの発達障害を含めた理解であり、また見立てでもあります。そこには、子どもを取り巻く家庭環境の影響やこれまでの対人関係における自己評価の低下など二次的障害の理解までも含まれてきます。こうしたこともスクールカウンセラーにとっては重要な機能になります。

♣2 精神的な問題が疑われる場合

次に、精神的な問題が疑われる場合が考えられます。ここでの精神的な問題とは、いわゆる精神病（統合失調症やうつ病）も含めて、解離性障害やパーソナリティ障害、行為障害や強迫性障害、摂食障害など、児童思春期の子どもにみられる幅広い内容を含んだものと考えておきます。

特に奇異な発言をしたり、何かが見えるといった場合には、それを幻覚・妄想と理解すると統合失調症の可能性があり、また気分が急にふさぎ込んで死にたいというようなことを言うようになると、うつ病ということも考えられます。しかし、小中学校でこのような精神的な疾患を発症する割合はそれほど高くありません。ただ、このような可能性を常に頭に入れておくとともに、その具体的な症状について実際に精神科の病院などで実習や研修を通して経験しておくことも大切です。

むしろ学校において問題となるのは、記憶が一部抜けてしまったり、急にしゃべり方が変わるような解離性同一性障害、リストカットや性的な逸脱行動を繰り返す境界性人格障害、他者への信頼関係をうまく築けない愛着障害や非常に粗暴で残忍な行動に走る行為障害など、学校としてもどう理解してよいのかわからず、対応に苦慮する問題が重要になります。このような児童期・思春期にみられる問題については、スクールカウンセラーとして実習体験などを通して、できるだけ実感としての理解を深めておく方がいいでしょう。このよう

1　子どもの抱える問題の限界

な問題には学校現場の中でもたまに出会うことがありますが、最終的な理解（診断）は医学的なものであり、必要に応じて医療機関に紹介することになります。医療機関における詳しい検査や診断を得ることで、学校での関わり方も明確になり、また投薬などの治療により症状が改善することも考えられます。このような問題に対してスクールカウンセラーがすべてを抱え込んで、カウンセリングだけで何とか対応しようとすると、子どもの行動化が激しくなり、大量服薬や自殺企図などが起こり、最終的には緊急で病院に行くことになりかねません。精神的な問題が疑われ、医療的なケアが必要となる場合には、スクールカウンセラーとしての限界を踏まえ、医療機関と連携しながら関わることが大切です。

　このような限界を踏まえた上で、スクールカウンセラーの機能として何が大切になるかというと、1つはその子どもの行動や発言を冷静に専門家の視点から理解し、伝えることです。例えば、突然興奮して、そのときの記憶がまったくないと訴えたり、自分で自分の髪や眉毛を抜いたり、あるいは自分の爪を剝いだりする場合があります。このような生徒の言動に、先生方は非常に驚き、困惑し、何か異常なものを感じ、恐怖すら感じていることがあります。スクールカウンセラーはそのような先生方の困惑を受け止めつつ、人間の心理として、このような現象は起こり得ることであり、いくつかの対処の方法があるということをしっかりと伝えることで、先生方はだいぶ落ち着くことができます。子どもの言動に奇異な

143

第6章　スクールカウンセラーの限界と他機関との連携

ものを感じ、恐怖感を感じていては冷静な判断をすることは困難です。そのような状態に対して、スクールカウンセラーが専門的な視点から判断し、考えられるいくつかの可能性を伝えていくことで、先生方に安心感を与えることができます。

　もっとも、このような冷静な判断をするには、スクールカウンセラーの側にその子の現状が理解されて、ある程度見通しが持てていることが大切です。つまり、その子の心の中にどのような心理的な可能性が考えられ、さらにはすぐに医療機関に紹介した方がいいのか、もう少し様子を見ても大丈夫なのかという見極めができていることです。スクールカウンセラーとしては、この「見極め」の力が求められる場面が多いです。

♣3　非行傾向の問題への対応

　次にスクールカウンセラーとしての限界で問題となるのは、非行傾向の子どもたちへの関わりです。茶髪やピアスなどの校則違反をはじめ、喫煙、授業エスケープ、生徒間暴力、対教師暴力など、いわゆる反社会的な問題行動を起こす生徒に対してスクールカウンセラーとして関わる可能性があります。そこで非常に難しいのは、このような非行傾向の子どもたちは、自分の気持ちや不安を言葉にすることが難しく、いわゆる内省する力が弱いので、カウンセリングという場面に乗りにくいということです。スクールカウンセラーとしてなんと

144

か彼らに関わろうと思っても、そのような子どもたちがカウンセリング室にやってくることはほとんどありませんし、やってきたとしても複数で来て、ゲームや喫煙を始めることがあります。このような場合にスクールカウンセラーが1人で対応するのはかなり難しく、生徒指導の先生やコーディネーターの先生と連携しながら関わる必要があるでしょう。またこのような生徒には、多くの学校では生徒指導部が中心となって関わり、スクールカウンセラーはほとんど関係を持たないということもあります。それだけ、非行傾向の子どもたちは行動化が激しく、カウンセリングという枠をはみ出していく可能性があり、そこにはスクールカウンセラーとしての限界があります。学校内外での問題行動が激しくなると、生徒指導部だけでなく、児童相談所や警察の少年補導課（少年サポートセンターなど）と連携することになり、スクールカウンセラーとして関われる部分は非常に限られてきます。

　その中で、スクールカウンセラーとして可能なのは、まずは担任や生徒指導の先生と話をしてコンサルテーションという形でサポートすることです。行動化が激しく、とてもカウンセリングという枠の中で会うことは難しいのですが、その子どもたちの背後にある心理は、不登校や神経症的な課題を抱えた生徒と共通するところがあり、子どもの発達や成長における心の世界の1つの表現として理解していくことができます。したがって、そのような子どものこれまでの経過や家族的な背景などを聞きながら、心理的な専門家として子ど

145

の理解や関わり方についてのコンサルテーションをしていくことが、スクールカウンセラーとしての1つの機能になります。

　さらに、そのような子どもに直接関わることも可能性として考えられます。つまり、授業をエスケープして、非常階段にたむろしていたり、保健室に入り込んでしゃべっている場合に、スクールカウンセラーの方から近づいて行って話をするという場合です。この場合、ふだんから彼らに少しでも話しかけ、「この人なら少しは話せるかも」と思ってもらえるような関係を築けているかが大切になります。また、そのような生徒がカウンセリング室にやってきて、居座って騒いだりしたときも関係づくりのチャンスとして捉え、彼らの居場所の1つとしてカウンセリング室を提供することも可能です。ただし、カウンセリング室でたばこを吸ったらどうするのか、騒いで物を壊したらどうするのか、またスクールカウンセラー自身が不安や恐怖を感じるときにはどうするのかなど、多くの考えるべき点があり、経験の浅いスクールカウンセラーにとっては控えた方がいいと考えられます。

　このように、非行傾向の子どもたちとの関わりにおいては、多くの限界があり、スクールカウンセラーとしてはどこまで関わるかは、慎重に判断していきたいところです。その上で、生徒指導主任などとの連携によって、コンサルテーションを中心に関わり、ある程度の経験を積んだ者かスクールカウンセラーのタイプによっては、そのような子どもたちとも直接

関わることも考えられます。

2 スクールカウンセラーの システムにおける限界

スクールカウンセラーの活動は、学校という枠の中で、教育委員会からの派遣という形で実施されています。そのようなスクールカウンセラーの勤務態勢や派遣のシステムからみた限界というものも考えられます。

♣1　面接室という場の限界

まず、わかりやすいのは、面接室やプレイルームという面接環境の限界です。小学生や中学生を相手にするスクールカウンセラーの活動ですが、小中学校においてプレイルームがあるというところはほとんどありません。まれに、空いている教室をプレイルーム的に使って、おもちゃや卓球台を置いてあるところもありますが、そのような学校は非常に少なく、多くの学校ではそのような広いスペースをとることができません。したがって、小学生などの面接でプレイルームを必要とする場合、スクールカウンセラーの活動内で行うには限界があり、教育センターや大学附属の相談室などにつないでいくことになります。また、面接においては、たとえ面接室が

147

第6章　スクールカウンセラーの限界と他機関との連携

確保できていたとしても、それはあくまで学校という枠の中にあり、日常に非常に近い場にあり、チャイムが鳴ったり、生徒の話し声が聞こえてきたり、場合によっては子どもが突然入ってくるということも考えられます。このように、面接としての非日常的な空間をつくり出すには、学校内は枠組み、守りが非常に弱いという現実があります。しがたって、スクールカウンセラーとしては子どもや保護者の深いテーマについて、ゆっくりと自分の内面に向き合うような面接を行うことは難しいでしょう。できれば、そのようなケースは外部の相談機関にリファーした方がよいと思われます。

　このように、学校内の限られた空間であるカウンセリング室における面接には、その空間的な制約からくる限界というものがあります。

♣2　一人職場としての限界

　空間的な制限とともに、スクールカウンセラーは学校に1人であるという限界があります。これは、例えば教育センターなどにおいて不登校の相談があった場合に母子の並行面接が行われることを考えると、対照的だと思います。スクールカウンセラーは常に1人であり、並行面接を行うことは考えにくく、子どもと親の相談や担任へのコンサルテーションをすべて1人で行うことになります。これは専門家1人の職場というスクールカウンセラーのシステム上、どうしようも

ない限界です。

　このような限界を踏まえて、同一セラピストによる母子並行面接という実践が行われるようになり（小俣、2001/2002）、また、母子同席や家族合同面接など、家族療法的なアプローチが実践されることもあります。このように、スクールカウンセラーはさまざまな面接のスタイルや技法を要求されます。子どもが来ればプレイセラピー的な関わりが必要であり、強迫性障害の子どもには認知行動療法が有効であるかもしれません。被虐待の子どもにはトラウマに関するケアが必要であり、夫婦間の子育てに関する意見の相違は、家族面接や夫婦面接が必要になるかもしれません。しかし、学校におけるスクールカウンセラーは1人です。1人のスクールカウンセラーがこれらすべてに精通しており、カバーするということは不可能であり、一人職場としての限界があります。対応できない面接設定や技法については、限界があることを率直に伝えて、外部機関と連携することになります。ある程度、自分なりの臨床のスタイルを持つことは必要ですが、すべてをそれで押し通そうとするのではなく、自分があまり得意でない領域や支援法については、謙虚にその力不足を認め、必要に応じて外部のより専門性の高い関係機関へと紹介する方がうまくいくことがあると思います。

　このようにスクールカウンセラーは、守られた枠の中で高度な面接技法を実施するというよりは、むしろ医療におけるプライマリー・ケアのように、身近にある初期の段階の相談

機関であり、そこから以後の相談や支援の方向性について的確な判断をし、方向性を示すことも重要な機能となります。

♣3　学校内での組織の一員としての限界

　さらに、システム的な限界として、スクールカウンセラーは学校組織の一員であり、さらには学校教育法という法の枠組みの中にあることが考えられます。これは、心理臨床の専門家としてトレーニングを積んできたスクールカウンセラーにとってはわかりづらいことかもしれません。具体的には、例えばスクールカウンセラーが子どもと関わる中で、子どもがケガをして損害賠償を請求されたとします。その際、責任を問われるのは、スクールカウンセラー個人ではなく、学校の責任者である学校長であり、最終的には学校を設置している市町村がその損害賠償を支払うことになります。つまり、いくらスクールカウンセラーが自分の不注意や過失を認め、謝罪をし、賠償金を払いたいと言っても、それは許されないことであり、スクールカウンセラー個人の問題では終わらないのです。このことは、カウンセリングにおいても大きな限界となることがあります。例えばスクールカウンセラーが子どもから虐待の相談を受け、すぐに児童相談所に通報したいと思っても、学校長からもう少し情報を集めて様子を見たいと言われるとそれに従わざるを得ないことになります。学校組織の一員として、学校長や管理職の了解がない中で、勝手

にスクールカウンセラーが動くことはできないことであり、特に外部機関との連携については必ず了解を得て進めていく必要があります。

このようにスクールカウンセラーは学校の組織の一員であり、その組織の意向に従って活動していかざるを得ないという限界があります。

3 時間の限界

♣1 面接構造の問題

心理面接は、できるだけ同じ時間で、同じ場所で行うのが大切だと言われます。また、面接の頻度も、週に1回や2週間に1回というように決められた枠組みで行うのが理想的です。しかし、学校は子どもたちが日常生活を送っている場なので、その日常に合わせて面接の構造についても流動的に対応していかざるを得ないところがあります。例えば、昼休みに子どもと面接の約束をしても、短縮授業で昼休みがいつもと30分ほどずれていたり、場合によっては昼休みなしで掃除をして、すぐに午後の授業が始まったりということが起こります。そうすると、昼休みの面接はできなくなったり、時間をずらさざるを得なくなったりします。また、校外学習や

研究授業、文化祭、運動会などの学校行事が入ると、通常の授業時間枠は特別の時間割に変更になり、予定した時間に面接ができなくなったり、その週は面接の設定ができなかったりして、週に1回という頻度がなかなか確保できなかったりします。

　不登校の子どもで、学校の行事とはあまり関係なしにスクールカウンセラーとのカウンセリングだけに来ている場合でも、たまたまその日は短縮授業で、いつもと時間割が変わっていて、校門まで来たのに休み時間になってしまって校舎内に入れなかったということもあります。また、校外マラソン大会がある日に、他の生徒に会いたくない子どもは生徒が近くを走っている中、学校までやってくるのは大変であり、面接ができないことも考えられます。

　保護者との面接は、比較的学校の時間や行事には左右されにくいですが、ときおりPTAの委員会があり、たくさんの保護者が来校しているときに面接にやってくるのが難しくなるということもあり得ます。

　つまり、大学附属やクリニックなどの相談室は、毎週ほぼ同じような環境・状況にあり、決まった時間や場所が使えないということはあまり考えられません。しかし、学校の場合はさまざまなイベントや行事に対応して時間が流動的に変化するので、面接の時間や頻度についても、それに対応して柔軟に変更していかざるを得ないのです。また、夏休みや冬休みには数週間の休みが入り、さらには春休みも年度替わりと

いうことで3〜4週間は空くことになるので、その間は面接できないということになります。

　このように、スクールカウンセラーの面接の枠組みは非常に脆いところがあり、学校の時間や休みに合わせて柔軟に対応していかないといけないところがあります。これは、学校という日常の場の中で面接をしているというスクールカウンセラーの限界でもあり、スクールカウンセラーとしては、あまり学校の休み時間の変更や行事などを無視して、いつも決められた時間と頻度でやりたいと堅く思わない方がいいでしょう。スクールカウンセラーの活動は、最初からそのような時間的な制約の中でやっていく活動だと思っておく方が、より柔軟に対応できると思います。次回の約束をするときに、学校の行事予定表を確認し、「来週は校内マラソン大会で、生徒がグラウンドにいるかもしれないが大丈夫？」と事前に伝えておくことで、相談に来る子どもとしては心の準備ができるかもしれません。

　そして、このような面接構造の脆さ・不安定さを抱えた学校で、安定した関係を築き、面接を深めていくのが難しいということであれば、構造的に安定した外部の相談機関に紹介するのも1つの方法となるでしょう。

♣ 2　学校における卒業の意味

　もう1つ、学校のスクールカウンセラーにとっての時間の

大きな制限は、卒業という問題です。この問題はこれまでにも大学の学生相談などにおいて言われてきました（鶴田、1995）。つまり、学校の中でのカウンセリングは、クライエントが卒業して学校を離れてしまうとカウンセリングも終わらざるを得ない時間的制限のある面接であるということです。例えば、中学3年の11月に子どもが相談にやってきた場合、卒業までの3〜4カ月で果たして何ができるのかを考える必要があります。高校入試という大きなイベントも控えており、今このタイミングでカウンセリングを開始する方がいいのかも含めて、スクールカウンセラーは卒業というものを頭において判断します。面接を実施するにしても、数カ月ということであれば、コンサルテーション的なものであったり、一時的な危機介入的なものであったりする場合も考えられます。

　小学校や中学校のスクールカウンセラーとしては、卒業という時間のリミットは避けて通れない問題であり、現実的な問題です。子どもが相談に来たとき、その子どもの学年から逆算することで、あと何年この学校で関われるかがはっきりしてきます。中学2年の秋に子どもが相談に来て、かなり重度の強迫性障害であるという見立てを立てた場合、スクールカウンセラーとして関われるのは卒業までの1年半であり、その中で何ができるかが問われます。卒業後も含めた長期のセラピーの必要性を考えるのなら外部の相談機関へ、また投薬などの必要性を考えるなら医療機関へと紹介することも1

つの方法でしょう。

これは学校の組織の一員、つまり教育委員会によって雇用されているというスクールカウンセラーの立場から考えれば、卒業というのは絶対的な時間の限界であり、学校を卒業してしまった生徒にスクールカウンセラーが関わり、面接を続けることはあり得ません。もっとも、保護者との面接は、当該の子どもが卒業しても、下の子どもが中学校や小学校に在籍していれば、その学校に関わるスクールカウンセラーであれば、必要に応じて継続して面接を続けることは可能です。

いずれにしても、子どもとの面接においては、その子どもの学年を考慮し、卒業という時間的制限は常に頭に置いておく必要があり、そのことも加味しながら見立てと今後の方針を立てていくことになります。逆に考えると、スクールカウンセラーとは、子どもの卒業までの非常に限られた時間の中で関わり、その中でどのような支援ができるのかを常に考え、工夫していく存在と言えます。

4 他機関との連携について

♣ 1 校内連携の延長としての他機関連携

ここまでスクールカウンセラーの限界についていくつかの

ケースを挙げ、場合によってはその限界を踏まえ、他機関との連携が必要であることについて述べました。このスクールカウンセラーの限界というのは、もう少し広く考えると、学校の限界と言い換えることができます。学校という枠の中で、教育の専門家だけではどうしても難しいという状況になったときに、初めて校内連携の延長として外部の専門機関と連携することになります。つまり、外部との連携は、常に学校内での連携とその限界を踏まえて行われる必要があるのです。

　例えば、ある不登校の子どもが、学校には行こうと思っているし、勉強もしたいが、どうしても他の生徒に会うのは嫌で、また他の生徒に見られるのも怖いと訴えました。このようなことがスクールカウンセラーとのカウンセリングにおいて語られ、少しずつ不安は和らいでいきましたが、教室まで行くのはとても無理であり、誰もいない保健室に来るのがやっとという状態でした。そこで、教育相談担当のコーディネーターや養護教諭、学年主任とも相談し、教室ではない別の場所（別室）なら来られるかもしれないということで、別室登校の提案をすることになりました。ところが、その部屋をどこにするか、現状では他の生徒がいるフロアと同じ階で、少し離れたところにある空き教室しか使えるところがなく、また週に２〜３日ほど登校するとなると、対応する先生の確保も難しくなります。その状況を子どもに説明すると、やはりその場所に通うのは難しいということでした。これは学校としての限界であり、そこで外部機関である教育支援セン

ター（適応指導教室）と連携してそちらに通うように進めて
いくことになりました。もっとも、最近は学校での別室対応
を充実させようという動きが強まり、学校内に適応指導教室
のような部屋・体制を作り、担当者が常時対応できるような
体制を組んでいるところも増えています。

　このように、外部機関との連携においては、常に学校内部
での十分な連携とスクールカウンセラーを含めたアセスメン
トに基づいて、スクールカウンセラーとして、また学校とし
て、ここまではできるがこれ以上は限界があるということを
明確にし、その部分を外部の専門機関にお願いすることにな
ります。

　学校内での連携が十分に行われていない中で、外部の機関
に紹介すると、後の支援に影響を及ぼすことがあります。つ
まり、不登校のケースを教育支援センターに紹介した場合で
も、学校への復帰ができそうになったというときには、必ず
また学年や担任の役割が大きくなり、教室内で関わるのか、
保健室で過ごすのか、あるいは現状で使える別室に来るよう
にするのかを再検討する必要性が出てきます。そのとき、学
校内の連携が十分にとれておらず、担任や学年の関わりや意
向が十分に考慮されないままに外部機関との連携が行われる
と、担任としては不満に感じ、生徒を手放した感じになり、
子どもやその保護者との関係が希薄になったり、教室復帰に
際してそれほど積極的に関われなくなったりすることも考え
られます。

第6章　スクールカウンセラーの限界と他機関との連携

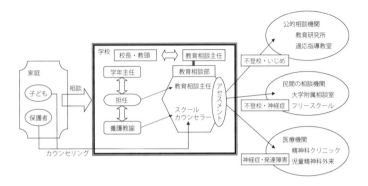

図5　学外関係機関との連携とその活用

　このように外部機関に紹介する際には学内での連携が十分に行われ、ケース会議などを開いて、学校の方針として、外部へのリファーが行われることが理想的です（図5参照）。
　したがって、例えば担任とのコンサルテーションにおいて発達障害が疑われる子どもに対しては、スクールカウンセラーや特別支援のコーディネーターを中心に、担任や学年主任、管理職を含めて連携をとり、検討の場を持ちながら、最終的には発達的な支援や診断をしてもらえる外部の医療機関を紹介し、つないでいくことになります。また、スクールカウンセラーとの面接で虐待が疑われる場合は、すぐにコーディネーターや学年主任、生徒指導主任、養護教諭、担任らと連携をとり、さらに緊急に対応する必要がある場合は管理職も含めて情報交換の場を設けます。そして、学校だけの対応では限界があるということになれば、最終的には管理職の判断に

よって児童相談所や福祉事務所に通報します。このように、学校における外部機関との連携に関しては、常に学校内での連携の延長線上に外部機関との連携があると理解して、その流れを崩さないようにしておくことがスクールカウンセラーとしては大切になるでしょう。

♣2　学校と外部機関との関係性

これまで述べたように、スクールカウンセラーの活動や学校での支援においては、いくつかの限界があり、その限界を踏まえ、学校内での連携を深めつつ、外部機関と連携していくことが必要です。その際に、どのような外部機関と連携をとるかということが問題になります。つまり、学校と外部機関との関係性により、その移行がスムーズに行く場合と、必ずしもそうではない場合が考えられるのです。

このことは、過去の連携の実績や体験によるところが大きく、これまで紹介してうまく連携がとれて、子どもの支援にとって役立ったという実績や実感が持てる関係機関であると、またお願いしたいということになります。逆に紹介はしたけれど、その後のフォローや情報提供がまったくなかったり、連携をとろうとしてもその必要性を理解してもらえなかったりすると、学校としては非常に連携をとりにくくなります。

したがって、スクールカウンセラーが外部機関を紹介する際も、まずはその機関が子どものことや学校での教育につい

てどの程度の理解があり、連携して取り組んでいこうという姿勢を持っているかを確かめておく方がいいでしょう。特に、医療機関やカウンセリングの機関で、心理職の方がいたり、研修会などで会ったことのある人が勤務しており、活動の内容がわかっているような信頼のおけるところであると、後の連携が非常にスムーズに行きます。連携においては、最終的には外部機関のスタッフとの関係性によるところが大きいと思われます。もっとも、学校と外部機関との連携においては、まずは公的な機関である児童相談所や教育センターなどを考えるのが基本です。

♣3　限界から見えてくるスクールカウンセラーの役割

　スクールカウンセラーの活動における外部機関との連携は、学校内での連携の延長として行うのが基本であり、そこにはスクールカウンセラーや学校の限界が関係してきます。しかしこれは、スクールカウンセラーの活動にあまり意味がなく、できないことが多いということを意味しているわけではありません。むしろその限界の枠をスクールカウンセラーとしてどこまで広げて、また学校として抱えていけるかで、スクールカウンセラーの役割も大きく変わってきます。例えば、発達的な課題が考えられる場合でも、診断や医療的なケアはスクールカウンセラーにはできませんが、リファーにいたる前にやるべきことがたくさん残されています。まず、担任から

その可能性について相談があったとき、コンサルテーションという形で的確に情報を得て、助言をしていくことが求められます。これまでの子どもの様子や発言、知的な能力や対人関係のとり方、また前の学年での様子や担任が保護者から得た情報などをきちんと収集して、その中で発達的な問題が疑われるような特徴があるかをアセスメントしていきます。そのためには、当然スクールカウンセラーがある程度、発達障害についての知識を持っていることが前提になります。さらに授業中の子どもの様子を見せてもらったり、保護者と連絡をとってもらい、保護者面接を行うこともあります。

　保護者との面接では、子どもの適応上の問題や親として気になっていることを中心に話してもらいながら、これまでの発達の様子、家での行動や発言、友達との関係のとり方などを総合し、現在の問題が対人関係上の一過性のものなのか、あるいは情緒的な問題なのか、さらに発達上の問題も考えられるのかを検討していきます。また、母親の話から親として発達的な問題をどの程度意識しており、将来的には外部の専門機関と連携することが可能であるかをアセスメントします。そして、アセスメントの結果をコーディネーターや担任にも伝えて、互いに連携をとりながら継続して関わり、必要であれば最終的には外部の専門機関に紹介するということになります。このように、外部機関との連携と言っても、そこまでたどり着くためには、多くの役割がスクールカウンセラーにはあります。

第6章　スクールカウンセラーの限界と他機関との連携

　これは、不登校や虐待などにおいても同じであり、最終的には外部機関と連携をとるとしても、そこにたどり着くまでにやっておくべき役割がたくさんあります。学校内での連携を密にし、スクールカウンセラーとしての細かなアセスメントをもとに、学校でどこまで対応できるか、抱えることができるかを検討し、少しでもその枠を広げることができると、限界も少しずつ広がり、スクールカウンセラーとしての役割もそれだけ大きくなることが考えられます。このように、スクールカウンセラーの役割や機能も流動的なところがあり、どのような場合が限界であり、外部機関と連携をとる必要があるかというラインをしっかりと意識しながらも、そこに至るまでにスクールカウンセラーとしてどのようなことができるか、どのように動いていくべきかを考えていくことで、おのずとスクールカウンセラーの役割も見えてくるのではないかと考えられます。

コラム「スクールカウンセラーの出会った印象的な先生」

絵を描いていた生徒指導の先生

　コーディネーターは生徒指導主任の先生がよく担当され、スクールカウンセラーと連携を持つことが多くあります。ある学校の生徒指導の先生は、隣の席になった私に生徒のこ

とや学校のことをいろいろ話してくれました。その先生は問題行動のある生徒には毅然とした態度で接し、ふだんは優しく話しかけ、多くの生徒から信頼を得ていました。休みがちな生徒や気になる生徒がいると、すぐに担任や養護教諭と連携をとり、対応について適切な方針を出しておられました。その毅然とした態度や細かく行き届いた配慮に私は尊敬の念を感じていました。

　その先生は社会科の先生でしたが、あるとき机の中から新聞の小さな切り抜きを取り出し、私に見せてくれました。絵の展覧会で自分の作品が賞を獲ったということで、その絵が新聞に載っていました。以前から家で絵を描いているという話は聞いていましたが、まさかそこまで熱心にされているとは思いもしませんでした。詳しく話を聞くと、家に小さなアトリエのような部屋があり、そこで描いた田舎の風景の油絵とのことでした。生徒指導という激務をこなしながら、どんなに疲れていて遅い時間であっても、そのアトリエに入ると自然に心が落ち着いて、時間を忘れて描いていたそうです。また、その絵には小さな船が描かれていました。その先生は田舎の小さな漁村の出身で、親は漁師をしていましたが、自分はその村を出て遠く離れた都会で暮らしているが、その漁村の風景はすごく好きであるということでした。私はその話を聞いて、その小さな船のある漁村の風景はまさにその先生の原風景であり、教師としての日々を支えているベースとなっているものだと感じました。そして、日々多くの生徒と接し、ときには厳しく指導し、ときには優しく語りかける先生の姿勢は、家に帰ってキャンバスに向かい、ひたすら自分の原風景をいかに表現するかを追い求めて絵を描くという行為によって支えられているのではないかと感

じられ、それを羨ましくも思いました。教師として生徒指導という非常に細やかな神経をつかう業務に関わっている先生方にとって、そこから少し離れて、自分のために時間をつかえる自分の世界を持っておくことはとても重要なことのように思います。

第7章

小学校における スクールカウンセラーの 第一歩

第 7 章　小学校におけるスクールカウンセラーの第一歩

　本章では、小学校におけるスクールカウンセラーの活動について取り上げます。スクールカウンセラーの派遣は中学校を中心に進められ、現在はほぼ全国すべての中学校に派遣されるようになりましたが、小学校はまだ全校配置というところまではいっていません。当初は、中学校への配置が進み、拠点校方式ということで、中学校配置のスクールカウンセラーが中学校区内の小学校もカバーするという形で進められてきていました。しかし、小学校でのスクールカウンセラーのニーズの高まりを受けて、小学校への単独での配置も少しずつ進んできました。2020 年度には、全国の約 9 割の小学校にスクールカウンセラーが配置されるようになっています。しかし、その配置時間は週に 4 時間未満の学校が 3 割、さらに月に数回という学校が 3 割程度あり、中学校のようにほぼすべての学校に週に 1 日はスクールカウンセラーが来ているという状況とは異なっています。それでも、全国で 9 割以上の小学校でスクールカウンセラーの配置が行われていることで、ほぼすべての小、中、高校にスクールカウンセラーがいるという状況になっています。

　このように、スクールカウンセラーにとって小学校での活動は身近なもので、学校現場のニーズも高いものがあります。ただ、小学校におけるスクールカウンセラーの活動は、中学校の活動とは幾分異なるところがあります。それは、小学生と中学生という発達的な差異もありますが、それ以上に教科担任制か学級担任制かという学校システムそのものによる違

いが大きいです。そのような違いを含めて、ここでは小学校におけるスクールカウンセラーの活動について事例を紹介しながら考えていきます。

1 小学校における保護者・子どもへの関わり

♣ 1　保護者との面接

　小学校で活動する場合、保護者面接はとても大切な要素になります。なぜなら保護者自身が精神的に安定し、対応が変わることで、子どもの問題行動が落ち着いてくることが多いからです。したがって、子どもの問題行動が起こった場合、子どもに会うよりもまず保護者に話を聴く機会を設定することが有効な場合があります。

　保護者面接では、まず気になることや心配なことを聴いていきます。その際に子どもの問題行動そのものについての話だけでなく、子どもの行動について保護者自身がどのように感じているか、「保護者の子どもに対しての思い」を十分に取り上げ、受け止めていくことが大切です。つまり、学校に行きにくいとか、落ち着かないといった子どもの問題行動を見立てていくとともに、子どもの問題行動が起こってからの保護者の驚き、ショック、そしてその問題がしばらく続いて

167

いることへの保護者の不安な気持ち、心配な気持ちを受け止めて共感していくということです。その上で保護者と一緒に対策を考えていくスタンスをとっていきます。多くの場合、子どもの問題行動が起こると、保護者は驚き、不安、怒り、焦りなどさまざまな気持ちがわいてきます。スクールカウンセラーがさまざまにわいてくる保護者の気持ちを抱え、その思いに寄り添うことで、保護者が少しずつ元気になり、子どもへの対応が自然に変わってくることがよくあります。

　その際、子どもの支援に関することは、担任や学校と共有させてもらいたいという確認、教室に子どもの様子を見に行くことの確認をすることが大切です。保護者が、学校での子どもの様子を心配に思っている場合、スクールカウンセラーが子どもの様子を参観したり、また担任と協力しながら対応を考えたりしている動きを丁寧に伝えていくことで、保護者の安心感は増していきます。このように、子どもに対してスクールカウンセラーと教師が連携して支えていくという体制を保護者に伝えて安心してもらうことが、保護者の安定につながることが多いようです。

♣2　子どもへの関わり

①子どもとの面接

　スクールカウンセラーとして、子どもと面接をする場合、まず教師や保護者といった周囲からの情報から、その子ども

がどんな子どもであるかという見立てが必要です。その上で、保護者面接や教師へのコンサルテーションといった環境調整を行って様子を見た方がいいのか、子ども本人との面接をした方がいいのか、また子ども本人との面接をするにしても、小学校のスクールカウンセリングの中で引き受けた方がいいのか、相談機関へ紹介した方がいいのかということを、さまざまな情報から判断します。そしてその上で子どもとの面接を始めることになります。

　子どもと面接を行うことになった場合、本人がモチベーションを持ってスクールカウンセラーと会うことは少ないと考えた方がよいでしょう。つまり、その子どもに何らかの問題行動が見られ、それを困った状態と考える教師、あるいは親といった大人が「スクールカウンセラーと会わせたら、状態が好転するのではないか」と考え、面接に連れてくる場合が多いからです。中学生くらいになると、本人が希望してきたり、教師に勧められて、「なんとなく」わかって来ることが多いのですが、小学校の場合、本人はスクールカウンセラーが学校の中で何をする人で、自分にとってどういう存在なのかということはわかっていないことが多いようです。そこでまず、その子どもにスクールカウンセラーはどういう存在なのか、どういう仕事をしているかということを丁寧に説明して、安心感をもってもらえるように関わることが大切になってきます。その際、面接に対しての子どもの気持ちを尊重するようにします。中には「イヤだ」という子どももいますが、

そのときはイヤだという気持ちを出せたことを大切にして環境調整で様子を見ることができないかと再考し、無理に面接につなげようとしない方がよい場合もあります。

もし、次回以降も面接に来るということになると、面接の時間の設定が必要です。小学校の場合、学級担任制で1人の教師が1日中クラスに関わっていることが多いので、時間割は決まっていても、その日の流れによってある教科が長引いたり、休み時間に入り込んだりすることがあります。小学校の1日の中には、午前の授業、給食、昼休み、掃除時間、午後の授業という大きなかたまりがあるので、面接設定としては、朝の登校から授業が始まるまで、給食が終わってから、あるいは放課後などといったように、できるだけ学級の流れを抜けてこなくてもいい時間を設定した方が、子どもにとっての負担は少ないでしょう。

このように、小学校で子どもと面接をする場合、まずはその子どもの学校生活を重視した上で、その子どもが学校生活の中でなるべく無理なく面接の場に来られるように、担任と話し合う必要があります。

②教室での参観

小学校においては、授業参観がスクールカウンセラーにとっての大切な活動の一つになります。一般的に子どもの年齢が低いほど、環境の影響が大きいと考えられますが、子どもが1日の多くの時間を過ごす教室での様子をスクールカウン

1　小学校における保護者・子どもへの関わり

セラーが見ることで、日常場面での自然な子どもの姿や、クラスの子どもに対する担任の思いなどを理解することができます。また発達特性が心配な子どもの様子を見ることもできます。

　子どもの状態像によって見る視点は異なりますが、授業中の子どもの様子、例えば教師の話を聞けているか、教師とのやりとり、板書を写せているか、自分の意見を言えているか、周りの子どもとの関係の取り方はどうか、など授業参観をすることでその子どものいろんな様子がわかります。また教室の掲示物、例えば壁に貼られている絵や習字、理科の観察記録、クラスでの係り活動の紹介の写真や文章などからも多くのことを知ることができます。

　このような多くの情報から多面的に子どものことを理解して、それを担任や保護者に伝えていくこともスクールカウンセラーの大きな仕事です。担任や保護者は、その問題行動ばかりに目が行き、なかなか余裕をもって子どもに接することができないことがあります。そのような状態のときに、保護者面接の別れ際に「そういえばこの間、教室に掲示してあったお子さんの描いた絵を見せてもらいましたが、とても楽しそうな絵で、見ているこちらまで楽しい気持ちになりましたよ」などと伝えると「子どもは絵を描くのが大好きなんです。でも最近はそのことを褒めてあげることも少なくなっていました」と笑顔で返されることもあります。また「廊下で会ったときに、元気に挨拶をしてくれましたよ」と伝えるだけで

171

も、担任や保護者の気持ちが和むこともあります。そういった些細なことでも、スクールカウンセラーという第三者が関心を持って子どもを見ていること、そして問題点だけを取り上げるのではなく、その子どもの楽しそうにしている様子や、その子どもの良いところを見つけてそれを伝えていくことで、担任や保護者の子どもへの見方が広がり、普段の生活の中で見逃していたことに気が付いたり、新しい気づきを生むこともあります。

　スクールカウンセリングにおいて、授業参観をしたり、友達と遊んでいる普段の生活を見ることで、発達特性や問題行動という視点だけではなく多様な視点で子どもへの理解を深めることができる点は、スクールカウンセラーの持つ特徴の一つと言えます。スクールカウンセラーがその理解を担任や保護者にうまく伝えていくことで、担任や保護者の視野を広げ、ゆとりを持って子どもに接する手助けをすることができるのです。

2　小学校における担任との連携

♣1　小学校の担任の特徴

高学年になると専門教科担当の教師がついたり、学年で教

科担当制にするような学校もありますが、基本的に小学校では担任がすべての教科を教えるという学級担任制をとっています。つまり、教科、生活指導、そして学年によっては放課後の部活動まで、子どもの学校生活のすべての場面に１人の教員が関わっているということです。担任はいろんな場面を知っていて、その子どものことを広く理解している反面、子どもや保護者との相性の問題によっては、やや一面的な理解をしている場合も考えられます。したがって、担任から子どもの話を聴く場合、その子どもや保護者と担任との関係性も視野に入れて聴いていく必要があります。

　また、教室は担任の個性が表現される場であると言えます。同じ学年であっても、クラスによって掲示物や机の配置が異なり、まったく違った雰囲気を感じる場合があります。さらに学級通信などによって、子どもだけでなく保護者へ発信していくやり方もさまざまです。子どもにとってその担任の個性による影響力は大きく、子どもの様子を見ていく上で、担任の個性を考慮していくことは欠かせないでしょう。

🍀2　連携の工夫

　担任は、基本的に朝、教室に行ってから放課後まで職員室に戻ってこないこともあり、戻ってきたとしても授業の準備などでばたばたと忙しくしていることが多いです。また放課後も、出張や会議、部活動の指導、家庭訪問などで多忙でス

クールカウンセラーの勤務時間と重ならないことも多く、直接会って連携をとることが難しいという声をよく耳にします。

　まず、緊急性のない場合は、直接会うことが難しくても、メモを置いておくなど担任への報告は必要です。守秘に関することは避け、簡単な報告でよいので、学校においてはその子どもへの関わりの主体は担任であるということを忘れずに、接するという姿勢が大切になってきます。報告内容としては、子ども本人の面接の場合、面接場面での様子などを記し、内容も簡単に報告します。また保護者面接に関しては、簡単な面接の内容、学校に対する要望、前回からの変化があればそのことも記した方がよいでしょう。そのように毎回簡単な内容でも報告していると、受け取る担任にも連続性を持ってスクールカウンセラーの関わりをわかってもらうことができます。そのような関わりを続けていくことで、たとえ立ち話程度の時間であっても、手短に子どもの様子について共有することが可能になります。

　以上のように、まずメモなどで担任に報告した上で、管理職やコーディネーターの先生、養護教諭などに口頭ででも報告するというスタイルを確立した方がよいでしょう。前節でも記しましたが、小学校では子どもを１人で抱えておられる担任も多いようです。スクールカウンセラーがその学校の中に入り、活動の様子を担任以外に報告するというスタイルをつくることで、皆で子どもを抱えていくというように教職員内の意識を作り直すチャンスにもなります。つまり、コーデ

ィネーターを担当している先生や校長、教頭、教務主任に勤務報告をし、それを担任に伝えてもらうことで、担任が子どもを1人で抱えるのではなく、いろんな教師がその子どものことを知り、考えていくきっかけづくりにもなるのです。

　学校では職員会議や生徒指導部会など、会議の場で問題行動のある子どもの情報交換が行われることがあります。スクールカウンセラーはその報告の場で、起こった事象のみではなく、その子どもをスクールカウンセラーがどのように見立て、関わり、そしてそれを受けて担任がどう関わっているか、ということを報告することで、他の教師の子どもへの関わりの参考になったり、校内の教育相談力の向上にも大きく影響を与えたりすることができます。

　そして、そのような関わりをしている担任に対しては、一方的に報告をするという関わりだけでなく、時には時間を調整してもらいコンサルテーションの時間を設けます。その際に、スクールカウンセラーからはその子どもに対する見立てや面接の流れを伝え、担任からは普段のその子どもの様子や気になることについて、ゆっくり話を聴くようにします。そのような時間をつくることにより、担任もスクールカウンセラーも普段はその子どもの問題性に話題がしぼられることが多いのですが、全体像としての子どもの姿をイメージでき、その子どもに対してより多角的な視点から、余裕を持って関わることができるようになります。

　次に、カウンセリングの中で希死念慮や虐待が疑われるよ

うな話が出てくるなど、緊急性の高い場合は、管理職に報告し、スクールカウンセラーの見立てを伝えた上で、どう対応するかということを早急に話し合わなければなりません。スクールカウンセラーの勤務時間内に話ができそうにない場合は、電話などを利用してでも直接話をするようにした方がよいでしょう。

3 実践事例からみた
小学校のスクールカウンセラーの動き

ここでは、小学校でのスクールカウンセラー活動でよく出会う「行き渋り」の事例を通して、スクールカウンセラーとして実際どのように動いていくのかということを示していきたいと思います。

入学後、学校に行くのを行き渋ったA君の母親面接を中心として関わった事例を取り上げます。

♣ 1 面接につながるまで

A君は両親と兄、弟、母方祖父母の7人家族です。

幼稚園が校区外だったので、友達がいない状態で入学してきました。4月当初より、朝母親と離れることを不安がっていましたが、次第に集団登校を嫌がるようになり、母親が集

団登校に一緒について行かないと登校をしないようになりました。そして、ときには母親が帰ろうとすると泣きわめき、帰ってしまうと1日中泣いていることもありました。下校も母親の迎えがないと帰れないようになりました。5月の連休後、朝起きるなり激しく泣き始め、おなかが痛いと訴えるようになりました。そんなA君への対応に困り果てた母親がスクールカウンセラーの存在を知り、面接を申し込んでこられました。

♣2　面接過程

初期

母親は上記の様子を興奮気味に語り、ほとほと困り果てた様子でした。面接の途中で、連れてきていた弟がぐずり始めると、母親は慌しい対応をするなど、母親の疲れている様子が見て取れました。初期の時点での母親の対応は、朝A君がぐずりはじめると父親や祖父母も一緒になだめたり、すかしたりしているとのことでした。その様子を見て、兄弟は甘えていると、A君を攻撃しているとのことで、兄弟の仲もおかしくなっていると母親は悲しげに語りました。母親は「こんなに一生懸命子育てをしているのに、どうしてこんなことになるのか分からない」とイラ立ちを見せたり、「真ん中の子どもで、今まで我慢していることが多かったかもしれないのに、それを気づいてやれなかったことがつらい」と話をし

ながら涙を流すなど、揺れる気持ちを語りました。また幼稚園入園時は兄と一緒のバス通園で問題がなかったこと、また幼稚園生活で特に先生から問題を指摘されたことはなかったことも話していました。

〈初期のスクールカウンセラーの見立てと関わり〉

初回面接を終えて、母親との分離不安からくる行き渋りであるという見立てを立てました。そこで、どのような対応をしていくか、ということで以下の点から考えていきました。

●母親に対して

①母親の力を見立てる

スクールカウンセラーで出会う保護者の中には、精神疾患を抱えている、発達の問題を抱えている、また小学校で特徴的なパターンとしては、下に乳幼児の子どもを抱えていて子育てに疲れているなど、さまざまな精神状態の母親がいます。そこでまず保護者の力を見立てる必要があります。事前の担任からの情報や実際に会った感触で、このケースの母親の場合は、もともと健康な方ですがA君への対応に疲れていて、一時的に不安定になっていると見立てました。父親や祖父母など母親を支える人間関係もあり、学校の行事などにも熱心に関わっているということでネットワークをつくる力もありそうでした。

②母親との関係づくりをすること

小学生を持つ母親の場合、ただでさえ子育てや家事、仕事で忙しい上に、子どもの問題行動が起こったことで、非常に疲れておられることがあります。そこで、母親がスクールカウンセラーと会うことで安心して話ができるような関係づくりをしていく必要があります。母親が下の子どもを連れてくるようなことがあっても安心して話ができるようなスクールカウンセラーとしての心の余裕や雰囲気づくりも大切になります。このケースの場合は、弟が一緒に来た時点で、名前を聞くなど弟との関わりも持ち、紙と色鉛筆を出しておきました。途中で弟がぐずり始めると、スクールカウンセラーがキャラクターの絵を描いて見せるなど、話の合間に少し弟の相手をするようにしました。初めは恐縮していた母親でしたが、そのうちにその会話に加わるなど和やかな雰囲気になりました。

● 担任に対して

　①事前の情報収集をする

　母親面接の予定が入った時点で、A君の学校での様子や朝の様子、家庭状況や個別の教育支援計画の有無など入学前の幼稚園からの情報を収集しておきます。もし可能ならば、兄弟の担任などから兄弟関係の情報も聞いておくとよいでしょう。

　②見立てを共有する

　このケースの場合、A君は活発な兄弟に挟まれて、少し大

人しく、新しい環境になじみにくい子どもであるということ、子ども達に優しく丁寧に関わっていた母親との分離不安からくる行き渋りである、という見立てを伝え、担任と共有しました。

③今後の方針を確認する

以上のような見立てを踏まえて、担任と今後の方針について話し合いました。小学校は学級担任制であることも影響して、担任によって思いや方針が違ってきます。そこで担任の思いを十分に聞き、その思いを大切にする姿勢が重要になってきます。その上で母親面接を踏まえてのスクールカウンセラーの見立てを伝え、方向性を共有する必要があります。このケースでは小学１年生の１学期で、他の子どもたちへの対応も十分に必要という担任の思いをお聞きし、できるだけクラスの他の子どもたちに支障のない形での対応を話し合いました。そして以下の４つの方針を立てました。

・A君が登校してきたら担任が出迎えをし、母親からA君を引き受ける。その際、必要なら養護教諭や管理職に手伝いをしてもらう。

・母親にA君の様子を伝える担任からの連絡を密に入れること。その際、母親を心配させるような情報は控えめにする。

・朝の泣きが長引く場合は、落ち着くまで保健室で対応してもらう。

・A君の様子を見るためにスクールカウンセラーの授業参

観を行う。

　これら４つの方針を母親とも確認し、しばらくはこの方針に沿って関わっていくことにしました。

中期（約１カ月後）

　中期の初めでは、母親は送迎をしても、なかなか母親から離れられず、号泣を続けるＡ君に対するイラ立ちが大きくなり、怒ることが多くなっているようでした。そして「学校をやめてしまいなさい」とＡ君を追い詰めるような対応をしていることが語られました。そのようなとき祖父母は「お前が悪い」と母親を責め、「Ａ君を甘やかしてきたからこんなことになった」と言われる、とも語りました。また「Ａ君が教室に入れず、保健室で養護教諭に対応してもらっていることがかえってＡ君を甘やかしているのではないか」「ＴＴ（チームティーチング）で入っている先生との関係ができていないから、Ａ君が安心できないのではないか？」と、学校への不信や不満を口にすることもありました。スクールカウンセラーはこのような母親の思いを受けとめて、話をきいていきました。このように面接で母親自身の思いを率直に語って帰宅した後は、「よし、Ａとじっくり話し合ってみよう。私の気持ちを伝えてみよう」と落ち着いて考えられるようになったということでした。そして、母親がＡ君のことをどれほど心配しているかという気持ちや、仕事があるのでずっと学校にいてあげられないつらい思いをＡ君にわかるよう

な言葉でゆっくり語る時間を持ったとのことでした。そのときＡ君は納得したけれど、その次の日はもっとひどい状態で別れ際に泣きわめき、「お母さん！」と何度も呼ばれたこと、後ろ髪を引かれる思いだったけれど、Ａ君を置いて仕事に行ったこと、帰ってから抱きしめて「えらかったね」と泣きながら誉めてあげたこと、を母親は涙ながらに面接で語りました。そのような話が語られた後、徐々にではありますが、Ａ君は泣くことが少なくなってきました。母親が母親のネットワークを使って同じクラスの友だちに遊びに来てもらったり、クラスでその友だちと隣同士にしてもらったことも功を奏したようでした。さらに母親は、朝Ａ君が泣いていても自分でも驚くくらい落ち着いて対応できるようになってきた、と語りました。

〈中期のスクールカウンセラーの動き〉

● 母親に対しての対応

　①母親のアンビバレントな気持ちを受け止める

　中期になり、ある程度母親との関係ができてくると、面接の中でいろいろなアンビバレント（両価的）な気持ちが出てくることがあります。このケースの場合、スクールカウンセラーとしては、母親にとって苦しい状況の中、そのような発言をしてしまうことは理解できることとして受け止めました。スクールカウンセラーとの関係の中で、母親が自分のありのままの気持ちを出せたことが、子どもと向き合えることにつ

ながったのではないかと考えられます。

　またこの母親は、もともと学校に協力的で学校を信頼していましたが、この時期に学校への不満を語っています。普通はこのような不満を直接担任などに語ることは少なく、スクールカウンセラーだからこそ語ったのではないかと思われます。スクールカウンセラーは守秘義務を持った専門家であり、このような不満も語りやすかったと考えられます。

　②家族との関係性を含めた視点を持つこと

　特に小学生を持つ母親にとっては、精神的にも肉体的にも支えてくれる家族の存在が大切になってきます。母親の子どもへの対応一つとっても、父親あるいは祖父母などとの関係性が影響してきます。小学校のスクールカウンセラーは家族システムの視点を持ち、子どもや母親を見ていくことが大切です。

　③母親が安心する要因を伝えていくこと

　子どもの状態が好転しないとき、母親が自分を責めたり、母親としての自信を失っているようなことがあります。そのようなときに、スクールカウンセラーが授業参観のときに見た子どもの学校での様子を伝えることで、母親が安心することもあります。スクールカウンセラーがＡ君の友だちとの関わりの様子や、授業中の様子をポジティブに伝えたことで、ふだん母親が知らないＡ君の様子を知って、嬉しく感じたようでした。このような関わりが母親の安心につながり、母親としての関わりに自信を回復していったと考えられます。

183

第 7 章　小学校におけるスクールカウンセラーの第一歩

● 担任に対しての対応

　①担任へのカウンセリング的なサポートを行うこと

　状況がなかなか好転しない場合、担任も不安を抱えながら対応していることが多いようです。そんなときには担任の思いやＡ君の様子を担任から丁寧に聴く機会を持つようにすることが大切です。スクールカウンセラーがこのような対応をすることで、担任が気持ちを切り替えて、元気を取り戻してくれることがよくあります。

　②担任と連動してできることを模索する

　担任と話をしていく中で、前期に立てた方針を軌道修正していったり、母親面接で聞いた情報から学校場面で担任と連動してできることがあれば、新たな方針を立てたりしていきます。このケースの場合、「母親が働きかけて友達に遊びに来てもらった」という母親面接で出てきた情報を担任に伝えました。担任は席替えの折にその友だちと隣同士になるように配慮してくれました。このような細やかな働きかけは小学校のスクールカウンセラーならではの動きと言えるでしょう。

後期（約３カ月後）

　その日の調子によりますが、Ａ君はだんだん別れ際に泣くことが少なくなってきました。母親もＡ君に帰宅後の楽しみを持たせるようにしたり、励ましたりしながら落ち着いた対応をしている様子が語られるようになりました。その頃、Ａ君が学校で禁止されていることをしてしまい、そのことを

184

先生に言いつけた友達を叩いてしまうという事件が起こりました。担任から話を聞いた母親は、Ａ君を連れて友達の家に謝りに行き、その帰りに「こんなやんちゃをするくせに、甘えてお母さんに送ってもらっているなんておかしい」とからかったところ、「来月からは１人で行くよ」と自分から話し、実際次の月に入ると「来なくていい、迎えもいい」と言い、友だちと帰り始めたとのことでした。その頃おねしょをしたらしいのですが、母親は「頑張っているんだな、と思って叱りませんでした」と語りました。長期の休みを挟んだ面接では、それ以降、元気に通学しているとのことでした。そして母親は「男の子が３人いて同じように育ててきたのに、それぞれが違うんですね。子どもを一人ひとり見ていかなければと実感しました」と語り、母親面接を終結することにしました。

〈後期のスクールカウンセラーの動き〉

●母親への対応

　①Ａ君の成長をともに実感する

　この時期のＡ君は泣くことは少なくなってきたのですが、学校で暴れたり、おねしょをするなどふだんにはない行動が見られました。このようなときにＡ君のこれらの行動の意味をスクールカウンセラーがともに考えていくことで、母親が不安になったり、ぶれたりすることなく、子どもに対応していくことができます。小学生の時期はちょっとしたことが

きっかけで子どもに変化が起こることがあります。話を聴いていく中で、スクールカウンセラーが変化に気づき、母親とともに子どもの気持ちを味わうことが大切です。このような関わりをすることで、母親が「変化」を「成長」と捉え直すことができ、安心につながる場合があります。

②今後も心配なことがあったら相談をするよう勧める

子どもが小学生の時期にスクールカウンセラーと出会って相談するということは、母親として大きな体験であると考えられます。子どもを授かり、育てていくということは親にとって喜びも大きい反面、自分自身の本質を問われるような、つらい側面も多々あります。母親が身近なスクールカウンセラーに相談したという体験を持ったことで、今後何か困ったときは相談機関に相談しやすくなると考えられます。また子育てにおいて、孤立無援になり、孤独を感じるようなことを予防し、虐待などを避けることもできると考えられます。困ったことがあったらいつでもスクールカウンセラーや相談機関に相談に行くよう伝えておくことも大切です。

●担任への対応

①今後の見通しについて（A君の様子を聞き、見立てを共有する）

子どもの状態がよくなってきても、担任としては不安があったり、いつまで配慮した対応を継続していったらいいのかわからない、と考える場合があります。スクールカウンセラ

ーとしては学校でのＡ君の様子を聞き、母親面接で聞いた情報とあわせて、対応をどのように変更し、サポートを少なくしていくか、という時期などについて話し合う必要があります。

②一般的なパターンを伝える

これからの見立てを話し合うときに、スクールカウンセラーとしては一般的に不登校傾向にある子どもは長期の休み明けに行きづらくなることがあるという事実を伝えました。その上で、長期の休み明けまで朝の対応を実施していく心づもりはしておくという方針を担任と共有しました。学校自体の教育相談の力をあげ、スクールカウンセラーだけの関わりに終わらせないためにも、このような機会があるときに一般的なパターンや対応の仕方などを学校側に伝えていくことも小学校のスクールカウンセラーの大切な役割であると考えます。

4 小学校のスクールカウンセラーとして求められるもの

♣ 1 子どもとの関わりにおける柔軟性

小学校のスクールカウンセラーとして子どもと会う場合、言語でのカウンセリングだけではなく、遊びを通した関わり

も多くなると思われます。プレイルームとしての機能の整っ
ていない学校の相談室という場で、限られた道具（例えばク
レパス、色鉛筆、ぬいぐるみなど）しかない場で、子どもと
プレイセラピー的な関わりをする場合もあります。遊びの幅
を持たせるために、新聞紙や広告の紙やペットボトルなど遊
びに使えそうなものを用意するなど、スクールカウンセラー
としても子どもの遊びに柔軟に対応できるための準備をして
おくことが必要です。

　また小学校では授業参観をしたり、休み時間に子どもの様
子を見に行ったり、また給食を一緒に食べたり、というよう
に面接室以外での日常的な関わりが求められることがありま
す。その場で一方的に観察をするというだけではなく、子ど
もと交流を持ちながら、話をしたり、遊んだりすることが必
要な場合も出てきます。このようなときは、担任が集団をま
とめている授業時間であるという自覚を持って、過度に関わ
りすぎず、また遠ざけもせず、適度な距離感をとりながら温
かく関わることが大切です。子どもと触れ合っていると、な
かなか予測しにくいことが起きてきます。例えば授業中であ
るにもかかわらず、スクールカウンセラーがいることが嬉し
くてまわりに子どもが集まってきて大騒ぎになってしまうと
いうことも珍しくありません。そんなときにやんわりと注意
をしたり、授業の方へ関心を向けさせるような関わりをする
ことが大切です。また給食を一緒に食べているときに、子ど
もがしゃべることに一生懸命になりすぎて、給食を食べるの

が遅くなったり、食器をひっくり返してしまったりすることがあります。そんなときには食べることを促したり、一緒に片付けてあげたりといった関わりも必要になってくるでしょう。

このように、セラピストとしての枠組みを少し緩めて関わるといった柔軟さが、特に小学校のスクールカウンセラーには求められます。

♣ 2　発達の視点

小学校においては、子どもの発達に関する視点も非常に重要になります。子どもの参観をしたり、教室の掲示を見たりすることで、子どもの発達に関しても多くのことがわかります。その際に小学1年生は大体これくらいのことができるといったようなことや、絵の発達プロセスなどの基準を知っておくことで、その子どもの発達段階や、また情緒的な問題が推測できることがあります。

また、発達障がいについても理解を深めておくことが必要です。しかしながらスクールカウンセラーとしてはその診断名から子どもを理解するだけではなく、その子どもの状態像からもその子どもを理解するような視点が大切です。そして学校側に対しても、発達の偏りをその子どもの特徴として伝え、対応を考えていくようにすることが必要でしょう。

♣3　保護者への対応、保護者面接

　子どもの問題行動が起こった場合、保護者が落ち着くことで子どもも落ち着くことが少なくありません。子育てに関しての相談も多く、保護者との関係や家族全体の関係性を視野に入れて子どもを支えるという視点が大切になってきます。

　また小学校で特に母親面接をする場合に、よく就園前の小さな弟妹を連れてこられることがあります。そうした場合の配慮、例えば何か遊び道具や座布団、クッションなどを用意していたり、少しあやして遊び相手になってあげる、などといった配慮をすることが大切になってきます。このようにスクールカウンセラーが配慮することで母親の負担を軽くし、母親が安心して話ができる環境をつくることができると考えます。

　さらに、小学校では担任が子どもの生活の面を見ていることから、担任へのクレームを言う場として面接の場にやってくる保護者の方がいます。スクールカウンセラーはそのクレームを最初から拒否的に聴くのではなく、また巻き込まれることなく、ほどよい距離をとりながら話を聴いていくことが大切です。話を整理しながら、スクールカウンセラーとして扱える問題とここではすぐに取り扱えない問題を見極め、ここで扱える問題を取り上げ、その点について話し合っていくことが必要になってきます。そして扱えない問題について、必要な場合は管理職につなぐという役割も大切です。

このように、保護者面接では、子どもを抱えた保護者の大変さに共感でき、そして配慮ができる細やかさ、またときには毅然とした態度で話を整理していく大胆さの両方が大切になってきます。

♣4　先生の世界を味わうこと

小学校では学級担任制をとっており、そのクラスは「学級王国」と批判されることがあるほど担任の個性がはっきりと現れる場でもあります。その学級で子どもは学校でのほとんどの時間を過ごしていて、子どもに対して担任は大きな影響を与えていると思われます。教室の掲示物や学級通信などを通しても、その担任の考えや子どもへの思いを理解することができます。スクールカウンセラーとしてはその学級の雰囲気を感じ取り、そしてその世界を味わうことで、その学級システムの中の子どもという視点から、子どもを捉えることができるようになります。まず、その先生の世界を味わうことができて初めて、先生と連携して子どもを見ていくことができるようになるということが言えるでしょう。

♣5　不定期な勤務を意識した活動

前述したように、小学校でのスクールカウンセラーのニーズが高まり、2020年度には全国の約9割の小学校にスクー

ルカウンセラーが配置されるようになってきました。しかし、その学校に割り当てられた1年間の総時間数は中学に比べるとまだ少なく、中学校のように毎週固定した曜日に勤務するということは難しいのが現状です。月に数度の、時間数が限られた勤務の中でどのように動けばいいのかということを考えて活動する必要があります。

　カウンセリングをするだけではなく、カウンセリングを担当したケースについて担任や教育相談担当、養護教諭などにコンサルテーションを行ったり、学校で気になる子どもをピックアップしてもらい、授業参観をして担任に対してコンサルテーションを行うなど、心理の視点を学校側に伝え、今後の支援の方向性について共有していくという関わりを積極的に行うことも大切です。

　このように教員へのコンサルテーションを行うことや、また会議等でケースの見立てについて伝えたり、コメントをしたりすることで、教員が他の子どもへの関わりにもその視点を生かすことができます。このような動きをすることで、限られた勤務時間内で、より多くのケースに効率的に心理的なサービスを提供することが可能になります。

　不定期な勤務だからこそ、その学校の力を見立て、また学校のニーズをくみ取りながら、どのような動きをしたらその学校に対して役立つのかということを管理職と話し合ったうえで活動していくことが大切になります。

スクールカウンセラーの出会った印象的な先生

保健室を守った養護教諭

スクールカウンセラーとの連携において、保健室にいる養護教諭は重要なキーパーソンであり、私もよく話をすることがあります。また、保健室に行って、そこに来る生徒の様子を見たり、気になる生徒の話を養護教諭から聞いたりすることもあります。

しかし、学校によっては、保健室がやんちゃな生徒のたまり場になっていたり、勉強からの逃避として生徒が保健室で休んでいたりということも起こり得ます。そのため、保健室は休み時間の間だけ開けて、授業中は閉めているという学校もあります。

私の行った中学校では保健室はずっと開いていましたが、授業中に教室を抜け出した生徒がお腹が痛いと訴え、ベッドにもぐり込んでいることもありました。そんな場合も、養護教諭は生徒の話を聞いて、体調は大丈夫なのだから教室に戻るようにと説得していました。ある日、保健室に行くと、その養護教諭が泣きながら、ある先生から言われた心ない一言でショックを受けたと訴えてきました。しっかりした先生だったので、泣きながら話されたのを見て私は大変驚きました。事情を聴くと、ある先生が休み時間や授業中も生徒が保健室にやってくるのを見て、「保健室を開けている意味があるのか」「保健室は閉めておいた方がいいのではないか」「こんなところがあるから生徒が勝手に入り込んでしまうのだ」という話をされたということでした。やんちゃな生徒に日々関わり、追いかけっこのように

第 7 章　小学校におけるスクールカウンセラーの第一歩

生徒のいそうなところを探し回っているその先生にとっては、保健室は生徒の格好の逃げ場所であり、また生徒から体調が悪いと言われると、簡単には連れ戻せない状況になってしまいます。しかし、だからと言って、「保健室を開けている意味があるのか」と言うのはひどい話であり、養護教諭の職務や存在そのものを否定するような発言であり、養護教諭もこの言葉にひどく傷ついていました。

　それでも、その養護教諭はめげることなく、保健室を開け続け、本当に体調が悪くて保健室に来る生徒がいること、体調が悪いわけではないのに勝手に保健室に入ってくる生徒には、生徒指導の先生とも連携してできるだけ教室に戻すようにしていることをきちんと他の先生方に訴えていきました。このように、保健室の存在の意義やその役割について考え、それを周りに伝えて理解してもらおうという姿勢は、まさに専門家の姿勢であり、養護教諭としての立場を守っていこうとする取り組みであり、スクールカウンセラーにもつながるものだと思います。養護教諭もスクールカウンセラーも、学校においては共に 1 人だけの職場であり、多くの学ぶところがありました。

第8章

スクールカウンセラーを継続していくために

第 8 章　スクールカウンセラーを継続していくために

1 教師との距離感

♣ 1 外部性と専門性

　スクールカウンセラーとして長く勤務を続けていくために
は、学校になじんでいき、教師との関係を深めていく必要が
ありますが、それとともに、教師とほどよい距離を保ってお
くことも必要です。このことは、スクールカウンセラーの持
つ外部性や専門性という特殊な立場と関係があります。

　心理職として仕事をする場合、通常は常勤として働き、そ
の職場でできる限り人間関係を築き、多くの人と関わって仕
事をしていくことになりますが、スクールカウンセラーの場
合はまず週 1 日の非常勤という立場であり、心の専門家とし
て学校でただ 1 人の存在です。このことはスクールカウンセ
ラーをやっていく上で、常に頭に置いておく必要があります。

　常時その職場にいるのではなく、週に 1 日だけ外からやっ
てくるということは、多くの限界もありますがメリットもあ
ります。学校は日々いろいろな出来事が起こり、また動きが
早いので、週に 1 日の勤務で学校の動きを理解し、ついてい
くのは難しいところがあります。また、緊急の場合でも即座
に対応することが難しい上、十分な時間をかけて子どもや保
護者、教師の支援をすることもできません。つまり、多くの

196

限界があり、その限界を踏まえた上でスクールカウンセラーとしての活動をしていかざるを得ないという側面があるのです。しかし一方で、週に1日、外部からやってくるということは、常に外部という意識を持ち続けることが可能になります。また教師とは専門性が異なる立場にあるので、異なる視点で発言や行動をしていきます。このことは、閉鎖的であると言われる学校にとって非常に重要なことであり、常に外からの視点というものを意識し、外からの風を吹き込むのはスクールカウンセラーにとって重要な役割ではないかと考えられます。

　したがって、スクールカウンセラーとして学校の組織になじんでいく必要はありますが、完全に同化して教師と同じような意識や役割を持つ必要はまったくありません。スクールカウンセラーが教師になることはできませんし、また教師と同じ役割を担うべきでもありません。スクールカウンセラーがTTとして授業に参加し、教師とともに授業を行ったり（内田・青山、2010）、別室登校の子どもの支援として、別室で1時間ぐらい共に過ごしたりすることがあるかもしれません。そのとき、スクールカウンセラーが単に授業者の補助としてTTという役割で授業に参加したり、別室で対応する先生がいなかったのでその代替として子どもの対応をしたりするということでは、教師と同じになってしまいます。たとえそのような活動をすることになっても、単に教師の代わりにということではなく、心理の専門家として授業中の子ども

の様子を観察し、あとで担任とコンサルテーションを実施したり、別室の子どもとどのように関係をつくっていくことができるかを模索し、またその子どもがどのような思いを持ち、どのような課題を抱えているのかを常に理解しようと努めながら支援を行うことが必要でしょう。

つまり、心の専門家としての外部性や専門性を常に頭の片隅において活動を行っていく必要があり、そのためには教職員とも信頼関係が必要ですが、まったく同じ立場ではないので、その関係にはほどよい距離感がある方がいいということです。もっとも、最近はスクールカウンセラーの常勤化が求められており、まずはスクールカウンセラーを週に複数日配置する方向も模索されています。そうなると「外部性」も、これまでとは少し異なる意味合いになってくると考えられ、一人の職員としての「同僚性」ということも重要になってきます。

教師とのほどよい距離感は、スクールカウンセラーとしての外部性や専門性を意識しつつ、他方で同僚性も形成していく上では重要な視点であり、学校の中で外部の一般社会からみると違和感を覚えることや臨床の専門家として許しがたいこと（例えばスクールカウンセラーと子どもとの守秘が簡単に破られたりすること）があれば、それは「許されない」ということをきちんと伝えるとともに、その重要性を教職員で共有し合えるような雰囲気作りも求められるところです。場合によってはスクールカウンセラーと教師の意見がぶつかる

ということも起こり得ます。スクールカウンセラーの外部性としての当然の感覚であったり、専門家として譲れない一線であったりする場合はきちんと主張して、スクールカウンセラーとしての立場を明確にし、意見をすり合わせます。ただし、その感覚や主張がスクールカウンセラーの外部性や専門性に基づくものなのか、あるいは個人的な感情（例えば頭ごなしに権威的に言われて極度に腹が立つなど）なのかを見極めるのはなかなか難しく、スクールカウンセラー個人の感情を先行させて意見を主張していくと学校との関係や同僚性が崩れていき、非常に活動しにくくなることもあります。そのため、スクールカウンセラーは自分の活動や気持ちを見つめるためにも、定期的にスーパーヴィジョンを受けておくことが大切であると考えられます。

❀2　組織人としてのバランス感覚

　次に、教師との関係においては、一社会人としてのバランス感覚というものが重要になってきます。教師のスクールカウンセラーに対する意識については、すでに述べたように非常に友好的で協力的な教師から、ネガティブでまったく話をしようとしない教師までさまざまな関係性が考えられます。しかし、友好的な教師とは親密にし、そうでない教師とは距離をとってお互いに不信感を持つような関係になってしまうと、いざその教師と連携をとる必要が生じたときに非常に難

しくなります。スクールカウンセラーは学校に唯一の存在であり、どのクラスに不登校の子どもが現れたり、いじめが起こるかはまったくわかりません。したがってスクールカウンセラーとしては、さまざまな感覚、意識を持っている教師に対してできるだけ平等に、必要があればいつでも連携を持てるような姿勢で、すべての教師との関係をバランスよく見ておく必要があります。

　これは管理職に対しても同様で、最近の学校は管理職の影響力が強くなってきたところがあります。スクールカウンセラーとしては極端に管理職にすり寄るようなことがあったり、逆に管理職に反発して抵抗していったりするようなことにならないように注意が必要です。たとえ管理職であっても、一定の距離感を持ち、ほどよいバランスをとりながら、関係を築いていくことが大切です。これは、第2章の「初めて学校に来たとき」のところにつながる話であり、最初いろいろな人に会ってあいさつをする中で、スクールカウンセラーを取り込もうと距離を縮めてきたり、いろんな情報を聞き出そうと近づいてきたりする教師がいるかもしれません。スクールカウンセラーとしてはそのような動きに気づかないと、いつの間にか学校組織の人間関係に巻き込まれて、ついには身動きできない状況になってしまうこともあります。

　そうならないために、教職員とはほどよい距離をとる必要があり、それぞれの教師とは必要があればいつでも話ができるが、あまり個人的な深い話をするような関係にはならない

という微妙なバランス感覚がとても重要になります。

2 パイオニアとしての意識

🌳 1 異文化としての存在

　スクールカウンセラーとして長く続けていくためには、パイオニア（先駆者）としての意識が重要になります。それは、常に自らが切り開いてつくっていく、という意識です。

　スクールカウンセラーとして学校に入った若い心理士と話していると、「これまで聞いていた話と全然違う」「本を読んで思っていたイメージとまったく違う」という話をよく聞きます。それだけ学校の現場は多様であり、想像を超える事態が起こり得ると考えられます。本書でこれまで書いてきたことも1つの理想形であったり、あるいは困難な場合を想定してのシミュレーションであったりしますが、それでもすべてを網羅することはとても不可能であり、実際の学校では戸惑うことや悩んでしまうことも多いと思われます。

　学校に行くと、相談室がまだなかったり、カウンセリングにおける守秘の意味がまったく理解されていなかったり、コーディネーターという役割の教師がいなかったりということがあり得ます。このような状況に、これまで学んだスクール

カウンセラーとしての活動とのギャップに茫然とし、立ち尽くしてしまうことがあります。しかし、スクールカウンセラーという職種はまだ始まって30年であり、一方、学校制度や教師という立場はすでに100年以上の歴史があり、比べるまでもないぐらいの開きがあります。つまり、スクールカウンセラーという職種はまだまだ過渡期にあり、学校体制においても十分には整備されていないところがあるので、まずはスクールカウンセラーとして学校に入っていって、少しずつ立場や役割をつくっていくことが求められます。つまり、これまで学校現場であまり取り上げてこなかった臨床心理学的な視点、つまりカウンセリングというものをどのように学校に導入し、定着させていくかを自ら考えて切り開いていくというパイオニアとしての意識が必要になります。したがって、役割や機能が明確で、その中で自分に与えられたことだけをきちんとこなしていくような意識を持っている人は、スクールカウンセラーとして続けていくことは難しいかもしれません。

　パイオニアとして道を切り開いていこうとすると、行く手を遮る岩や大木を取り除きながら、少しずつ道をつくっていくことになります。スクールカウンセラーという立場は学校組織においては異質であり、ときには排除されそうになったり、逆風を受けたりする中を進んでいく場合があり、その逆風をしっかりと受け止めて、逆にこちらがしっかりと相手に説明をして、理解してもらい、また行動でそのことを示すこ

とによって道が開かれていきます。スクールカウンセラーは従来の学校という文化においては異質なものとしてみられることも多く、その分、風当たりが強かったり、無視されたり、否定されたりする可能性があります。しかし、それこそがスクールカウンセラーとしての特質であり、常に異文化として学校の中に居続けることが重要です。これを実行するのはなかなか難しく、ときには逃げ出しそうになったり、スクールカウンセラーとしての専門性を見失い、学校組織に迎合して取り込まれてしまいそうになることもあります。そうした状況の中で、心の専門家として自分の立場をしっかり守っていくには、スクールカウンセラー自身を支えてもらう同僚など周りの人間関係がとても重要になります。

♣2　企画・実践する楽しみ

　そのような状況に居続ける中で、パイオニアとして次に大事なのは、道を切り開くために動いていくことです。具体的にはスクールカウンセラーとして自分は何ができるのか、またこの学校でどのようなことが可能なのかをコーディネーターの先生とも相談しながら、企画・立案していくことです。単に部屋で待っていたり、椅子に座っているだけではスクールカウンセラーとしてなかなか機能しないことが多いです。場合によっては学校のスクールカウンセラーの活用体制がきちんと整っており、面接が次々に入ってきたりするような状

況にあると、組織の一員として決められた役割を果たしていくことになりますが、それでも、それだけで十分なのか、もっと違う役割はないかを常に意識しておく必要があります。

　何か新しいこと、今までやっていないことを企画・立案することは楽しいことです。そのためには他の学校の様子や全国的な動きを知っておく必要があります。多くの情報を集め、また自分の持っている心理臨床家としての技能も生かしながら、その学校でスクールカウンセラーとしてどのような活動ができるかを企画することは、何かをつくり出していくという創造の楽しみでもあり、また自身の意欲やアイデアが問われるところでもあります。「昼食時に教室に入って子どもと一緒に食べる」「教育相談の研修内容を考える」「担任の家庭訪問に同行する」「転校生の保護者との面接を実施する」「全担任とのコンサルテーションの時間を設ける」など、さまざまなアイデアが考えられます。

　企画・立案はできるだけ実行できるようなものを考える必要があります。そのためのコツとして、スクールカウンセラーだけで考えるのではなく、コーディネーターの先生をはじめ、他の先生方や管理職との雑談の中で、何かスクールカウンセラーの活動につながりそうなアイデアはないかと気に留めながら過ごすことが大切です。1人で考えても企画は思いつきますが、それを実行することの方がより難しいので、常に誰かに相談したり、アイデアを話して周りの先生方の共感を得たりしながら進めることが重要です。

このように企画・立案したものがうまく実施できると、スクールカウンセラーとしてのその学校における位置づけは非常に高まり、学校になじんでいくことができます。また、そのような活動を１つでもうまく実行することで自信を深めることができ、今後その学校で心理臨床活動をやっていく基本的なスタンスが見えてくるのではと思います。

3 スクールカウンセラーとしての資質

最後に、これからスクールカウンセラーを目指す大学院生や、新任のスクールカウンセラーに求められる能力についてまとめてみたいと思います。

♣ 1 立ち位置の確認

これまでも繰り返し述べてきたように、スクールカウンセラーというのはその歴史的経緯においてもまだ非常に短い実績しかなく、学校教育における位置づけ、さらに教職員の意識における位置づけにおいても、非常に不安定なものがあります。つまり、ある程度専門家として守られた枠組みの中で仕事をしようと思う人はスクールカウンセラーには向かないと思われます。

いろんな形で自分の立場が引き裂かれそうになったり、見

えなくなって不安になったり、周りからいわれのない非難を浴びたりする中で、心理臨床家として自分の立ち位置をできるだけ見失わないで、そのようなあいまいで不安定な状況の中でも生き抜いていける強さのようなものが必要です。それは、社会性であったり、組織やシステムを理解する力であったり、あるいは自身の専門性に対する自信である場合もあります。自分の立ち位置が見えなくなったときは、少しその組織から距離をとって、客観的な視点で自分を眺めてみることが役に立ちます。そして、学校全体を眺めるときには1対1の関係性だけではなく、システム論的な視点から学校を俯瞰的に眺めてみること（吉川、1993）も役に立つことがあります。

♣ 2　子どもに関わる能力

　次にスクールカウンセラーに求められるのは、子どもを理解し、関わろうとする能力です。スクールカウンセラーとして学校に入る基本姿勢は、児童・生徒の支援のためということです。つまり、スクールカウンセラーの活動のすべてはその児童・生徒への支援というところにつながっていくことになります。

　児童・生徒が学校生活や家庭生活においてさまざまな苦悩を抱え、しかもそれをなかなか言葉で表現したり、人に訴えたりすることができず、1人で悩みを抱えていることがあり

ます。それは、なかなか周りの大人にわかってもらえず、学校に行くのがつらくなったり、周りの子に暴力を振るったり、あるいは下痢や腹痛など心身症的な症状や問題行動として表現されます。そのような子どもたちの思いに寄り添い、何とか子どもたちの助けになるようにと、その言葉にならない訴えに思いを巡らし、共に時間を過ごし、少しでもその思いを引き出し、何らかの形で表現してもらうことで、子どもたちの傷ついた心は癒されていきます。この言葉にならない子どもたちの思いを感じ、その感じに寄り添いながら言葉にして表現する方法としてフォーカシング指向心理療法（内田、2022）が参考になることがあります。

　このように、一見無口で無表情であったり、暴力的であったり、仮病なのではと思える身体的な訴えであっても、そこに子どもたちの苦しみを感じとり、優しく関わろうとする姿勢は、スクールカウンセラーとしてのすべての活動に影響を及ぼし、スクールカウンセラーの活動全体を支える指針になります。

　このような子どもに優しく関わろうとする姿勢は、子どもと接するときはもちろん、その保護者に関わるときや担任などに関わる際にも大きく影響してきます。保護者は子育てに悩み、子どもにどのように接していいかわからず、ときにはイラ立って厳しくあたってしまうことがあったりします。そのようなとき、スクールカウンセラーからその子どもが置かれている状況や苦しみ、思いを優しく伝えてもらうことでず

いぶん助かることがあります。また、担任にしても、クラスの中の1人の生徒の行動や発言に振り回され、疲れ切っている状況の中、スクールカウンセラーからその生徒の理解について、より深く、優しい視点からの助言をもらうことで、その子の抱えている苦悩を少しでも感じとることができるようになったりします。

　保護者や担任との連携において、たまには意見がぶつかったり、子どもに対する理解が異なっていたりすることがあります。その際も常に子どものことを思い、子どもへの支援、子どもへの優しいまなざしというものをベースにすることで、多くのすれ違いは解消されていくと思われます。スクールカウンセラーが持つ子どもへの優しく関わる姿勢というものは、学校教育において大きな意味を持っています。スクールカウンセラーの存在や行動、そして発言が、日々の生活や業務に追われてゆとりを失っている保護者や先生方にとって、子どもの発達や成長に対する信頼、そして慈しみを再認識することにつながるのです。

♣3　自問自答するスクールカウンセラー

　スクールカウンセラーの位置づけは非常に不安定で、支援の方法についてもいくつもの選択肢があります。そのような状況の中で常に迷い、悩みながら活動を続けていくのもスクールカウンセラーにとっては必要な能力です。

スクールカウンセラーの活動には先例がそれほどあるわけではなく、ほとんどのことが初めてで、実際は手探りの状況で進めていくことが多くあります。このやり方が一番という実感や手応えがなかなか得られない中で、スクールカウンセラーとしては自ら判断し、行動し、それを担任に伝えていくことになります。「その方法で本当によかったのだろうか」ということは常に問われるところであり、常に自問自答することになります。スクールカウンセラーの活動には多くの人々が関わり、支援の方法も多くの選択肢が考えられ、その中で自分が判断したことは、さまざまなシステムに影響を及ぼします。スクールカウンセラーにはそこまで視野に入れて、自らの活動というものを見直す必要があります。

　これはスクールカウンセラーに限ったことではなく、心理臨床家としてすべての面接や支援においても言えることですが、特に歴史も浅く、立場的にも明確な役割が定まりにくいというスクールカウンセラーの状況においては、自らの判断や発言について常に自問自答し、微調整を繰り返しながら活動を続けていくという姿勢が求められます。これは、実際はなかなか難しい作業であり、振り返ってみると、うまく機能していなかったり、こちらの思いがうまく伝わっていなかったりすることもあり、スクールカウンセラーとしての活動の難しさを再認識することになります。場合によってはスクールカウンセラーとしての自分のやり方に自信を失ったり、限界を感じたりすることにもなりかねません。したがって、こ

の自問自答する態度においては、誰か第三者に聞いてもらうことも大切であり、スーパーヴィジョンを受けるのもその1つです。スーパーヴァイザーをはじめ、同僚や先輩などスクールカウンセラーの活動を支えてもらえる環境を持っておくことが、スクールカウンセラーが自らの活動を常に自問自答していく姿勢を持ち続けられるエネルギーになると考えられます。

付

初心スクールカウンセラーのよくある質問
用語解説「スクールカウンセラー活用の具体的方法」
参考文献

初心スクールカウンセラーのよくある質問

? 学校にカウセリング室がないのですが、どのようにしたらいいですか？

　スクールカウンセラーの配置が始まり、30年近く経ち、学校におけるスクールカウンセラーの受け入れ態勢は格段に充実してきています。特にスクールカウンセラーの配置は、中学校を中心に進められてきたので、中学校においてはほぼすべての学校にカウセリング室が整備されています。ただ、一部の中学校や小学校では、まだカウセリング室が整備されていない場合があります。特に小学校においては、まだ配置が始まって数年というところもあり、時間数も月に1回程度6時間であり、カウセリング室の整備が進んでいないところもあります。

　そのような場合は、まずはカウセリング室の設置に向けてお願いしていくことになります。学校内にもし使える部屋があれば、そこをカウセリング室として使用させてもらうことを頼みやすいですが、なかなか空いている部屋で自由に使える場所がないというのが現状では多いようです。そのような場合、子どもや保護者との相談が入った際は、一時的に使える会議室や普段使っていない特別教室（パソコンルームや家庭科室など）を使ったりして実施すること

があります。しかしそれはあくまでも臨時的な使用であり、スペースとしては広すぎたり、誰かが室内に入ってくる可能性もあり、守秘が保たれない場合があります。また相談者にとっても、安心して、ゆっくり話を聞いてもらえる場にはなっていないことがあります。そこで、スクールカウンセラーは、継続した相談が入るようになってやはり専用の相談室が必要であることを、少しずつでも学校側に伝えて整備してもらえるようにお願いしていくことになります。ただ、すぐに整備してもらえないという場合が多く、しばらくの間は一時的に使用できる会議室等で行っていくしかない場合もあります。それでもスクールカウンセラーが継続して相談室の必要性を訴えていくことで、すぐには難しくても次の年度には使える部屋を用意しましょうと言ってもらえたり、学校の改修や改築等がある際に相談室の設置を考慮してもらえる場合もあります。

　最近では、学校にスクールカウンセラーがいるのが定着してきているので、カウセリングルームの必要性も理解してもらえるようになり、機会があれば、専用の部屋を設置してもらえることがあると思われます。ただ、これもスクールカウンセラーの来校の頻度によるところがあり、中学校はほぼ週に１回ということで進んでいますが、小学校ではまだ月に１回や２回というところもあり、そのような状況ではなかなかスクールカウンセリング専用の部屋を用意してもらうのは難しいでしょう。

？ 面接の予約がまったくないが、どのように過ごしたらよいか？

　スクールカウンセラーにとって子どもや保護者との面接があることは、自分は活動をしているという実感が持ちやすく、逆に面接がまったくないと、どのように過ごしたらよいのか戸惑うことも多いと思います。

　面接の予約がまったくない場合、なぜそうなっているのかを考える必要があります。まず、前任者からの引継ぎのケース、あるいは前年度に行っていた子どもや保護者との面接があるかを確認し、これまでもほとんどケースはなかったということになると、その学校ではまだスクールカウンセラーにケースをつないでいくというシステムや環境が整っていないということも考えられます。そう考えると、ケースの予約がないことをそれほど焦ってどうにかしようと思わなくてもいいのではと思います。

　そして、まずはこの学校で、どのように面接を位置づけ、進めていくかということを検討していきます。スクールカウンセラーのことが教職員を含め、保護者や子どもたちにどこまで知らされているのか、また具体的に相談の申し込みをするときに、誰にどのように申し込んだらよいのかなど、面接までの流れを確認していくことも1つの方法です。そして、できるだけスクールカウンセラーのことを知ってもらうために、たよりの発行を考えたり、保護者会や全校集会においてスクールカウンセラーを紹介してもらうなどの広報活動を少しずつ進めていくことが、ケースの予約へ

とつながっていきます。

　また、ケースの予約が入っていなければ、できるだけ職員室にいるようにして、担任や教頭先生と話をして、スクールカウンセラー自身を知ってもらうとともに学校の様子やシステムの問題についてもアセスメントすることが必要です。さらに、授業中の様子や放課後の部活動の様子などを見せてもらい、できるだけ子どもたちの生活に近いところにこちらから出かけていくのも１つの方法です。子どもたちに認知され、気軽に話せるようになると、昼休みなどに相談室を自由開放することを考えてみてもいいでしょう。

　いずれにしても、ケースの予約がないときは、待っていても自然に予約が入ってくることは少ないので、学校の現状を見立てながら、自らが積極的に動いていく必要があるでしょう。

❓ 講演会を頼まれたが、どこまで引き受けたらよいか？

　スクールカウンセラーの役割には、教職員への研修や保護者への啓発活動も含まれています。したがって、教職員や保護者・地域への講演会の依頼を受けることは十分に考えられます。

　頼まれた際にどこまで引き受けたらいいかは、基本的には無理なく、自分で可能な範囲内で引き受けるということになります。ただ、スクールカウンセラーは心の専門家と

して学校・地域に入っており、かなり期待されているところもあり、また近くにそのような専門家がいないということも考えられますので、できる限り引き受けていく方がいいと思います。そのような講演会を通して、スクールカウンセラーへの認知・理解が広がり、活動がやりやすくなったり、相談が増えたりすることもあります。経験の少ないスクールカウンセラーにとっては、多くの人の前で話すのはかなり緊張し、抵抗がある場合もありますが、それも1つの経験であり、依頼者のニーズや出席者の立場、職種に応じて、自分なりに可能な講演内容を考えてみるのも大切です。教師や保護者にわかりやすく人の心に関する話をするのも重要なスクールカウンセラーの機能であり、そのことを通して多くを学び、スクールカウンセラーとして成長することができます。もっとも「可能な範囲で」行うことが大切で、例えば発達障害の話や児童相談所との連携など、もし自分があまりなじみのないテーマであれば、正直にその思いを伝えてお断りし、他に適切な講師がいれば紹介するというような対応も考えられます。頼まれたものはすべて引き受けようとすると、負担に感じて無理が生じることがあります。自分の専門性や得意なところを十分に理解し、できるだけそれを活かす形で講演をしていく方がスムーズにいくようです。

？ 不登校の子どもに家庭訪問をしてほしいと言われたがどうしたらよいか？

　スクールカウンセラーが家庭訪問をすべきかどうかは非常に難しい問題であり、さまざまな留意点が必要です。この点は、田嶌（2001）によって詳しく述べられているので参考にしてほしいと思いますが、古くは河合（1970）の実践報告にあるように、不登校の子どもへの支援としてカウンセラーが家庭訪問を行うことはあり得ることです。

　学校としても、何とか不登校の子どもをスクールカウンセラーにつなごうとするが、家から出られないことにはどうすることもできず、担任が家庭訪問する際にスクールカウンセラーに同行してほしいという依頼が来ることは十分に考えられます。そこで、スクールカウンセラーとしてはまず訪問面接の可能性や目的を確認しておく必要があります。

　担任が家庭訪問をした際に、その子どもはどのような対応をするのか、すぐに顔を出すのか、なかなか出てこないのか、寝ていて出てこないこともあるのか、また出てきたときの服装（パジャマなのか着替えているか）や表情、発言（受身的に聞くだけか、自発的に話すのか）などを聞いてスクールカウンセラーとしてその子どもとどこまで話ができ関係が築けそうかを見立てる必要があります。さらに、本人や保護者の了解を得ておくことも大切です。面接室以外の、子どもが日常生活を送っている場で面接するのはかなり不安定なことであり、面接の構造としても弱いので、

スクールカウンセラーがさまざまなトラブルや葛藤状況に巻き込まれる可能性があります。このように、スクールカウンセラーによる訪問面接はかなりの枠のゆるさや困難を伴い、心理士として相当の関わりの技術や難しい判断を要求されるので、経験の少ないスクールカウンセラーは慎重に考えていった方がいいでしょう。

？ 学校で心理検査をしてほしいと頼まれたが、どのように対応したらよいか？

　学校の方から発達検査やその他の検査をしてほしいと依頼を受けたり、あるいはスクールカウンセラー自身が本人や保護者と話す中で心理検査の必要性を感じることがあります。しかし、スクールカウンセラーが学校で心理検査をすることには慎重であるべきです。まず、発達検査や複雑な人格検査にはそのための用具が必要であり、学校にはそのようなものが揃っていないことが多いです。もしその用具があったとしても、その検査結果を誰がまとめるのか、それを誰にどのように伝えるのか、文書で残すのか、また検査のローデータは誰が管理して保管するのかなど、多くの問題が発生します。特に特別支援に関係するような発達の問題では、検査の所見でどこまで書けるのか、またその結果をどのように保護者などに伝えるかは非常に大きな課題であり、一歩間違うと大きな問題に発展する可能性があります。特に心理臨床家としての経験の少ないスクールカ

ウンセラーは、検査に関してはまずは外部の関係機関に紹介して、実施してもらうようにお願いする方が安全です。

？ 担任とコンサルテーションをする時間がなかなかとれないがどうしたらよいか？

　生徒や保護者と面接をしたら、できるだけその日のうちに担任と連絡をとり、コンサルテーションの時間を持つようにした方がいいと思います。しかし、現実的には、なかなかその時間がとれず、担任と会うことが難しいということがよく聞かれます。

　担任と直接会うことができない場合でも、メモなどを残すことで、面接内容を簡単に報告しておくようにしたいものです。ただ、この場合は守秘に関わる部分は伝えることを避け、簡単な事実報告程度にしておく方がいいでしょう。

　もう少し細かい話を伝えるには、職員室にいるコーディネーターや学年主任、管理職の先生にお願いして、面接でのポイントや伝えておいてほしいことを簡潔にまとめて伝えてもらうようにします。口頭での連絡がどこまで伝わるかという不安もありますが、担任だけでなく、コーディネーターや学年主任にも知っておいてもらう方がいいこともありますので、後の連携やチームアプローチということを考えると有効な手段と言えます。

　その他、電話やメールといった連絡手段もありますが、電話は忙しい中でつないでもらうのは難しく、またスクー

ルカウンセラーの勤務とは関係ない時間に話をすることになります。メールも1つの方法ではありますが、情報のセキュリティの観点からは問題があります。

　学校での子どもの情報は、基本的には学校から持ち出さないというのが原則であり、その意味では個人ごとのケースファイルを学校でつくってもらい、そこに面接の様子や担任への連絡、今後気をつけた方がいい点などのコメントを載せるようにしておくと、ケースの記録にもなり、有効に活用できます。

? 相談に来た生徒に、絶対に誰にも言わないでほしいと言われたがどうしたらよいか？

　相談に来た生徒から、このことは絶対に誰にも言わないでほしいと言われた場合、スクールカウンセラーとしては守秘義務があるので当然のことと思われます。他の人には言えないで自分だけに相談してくれていると思うと、ついその思いに応えて約束してしまいそうになりますが、時と場合によっては守れないことがあることを知っておく必要があります。そのことを頭に置きながら、「誰にも言わないでほしい」と言われたら、基本的にはそうするが内容によってはそうできない場合もあるということを生徒に伝えておく方がよいでしょう。もっとも、それは勝手に生徒の話を他の人に伝えるという意味ではなく、内容によってはスクールカウンセラー1人では対応できない問題や、その

生徒の生命に関わるような問題（例えば妊娠の可能性や自殺企図の可能性など）は2人の間だけで済ませるわけにはいかないということです。生徒には他の人にも相談するように勧め、スクールカウンセラーとしても関係する先生や管理職にも伝えたいと率直に話し、了解を得る必要があります。スクールカウンセラーはあくまでも学校組織の一員であり、しかも週に1日だけの勤務です。そのような状況の中でクライエントの危機的状況を抱えていくにはかなりの限界があり、その限界を常に意識しながらどこまで秘密を保持し抱えていけるのか、場合によってはこれ以上は難しく、むしろ学校全体として抱えていった方がよいということもあり、その判断は非常に難しいところです。いずれにしても、誰にも言わないでほしいという子どもの思いは尊重しながら、そうできない可能性も常に考えておくべきです。

？ 児童・生徒から虐待の相談を受けたが、どのように対応したらよいか？

　虐待、あるいは虐待の疑いのあるケースは、緊急性がある場合もあり、かなり注意して対応していくことになります。基本的な理解として、児童虐待防止法（2000年）において、「児童虐待を受けたと思われる児童を発見した者は」速やかに通告しなければならないという通告義務があることを押さえておく必要があります。その上で、まず、

①緊急性の確認、②どうしてほしいか、③他との連携の必要性、④情報を伝えることの了解、について考えておく必要があります。

　緊急性の確認については、子どもから虐待に関連するような話を聞くと、驚くとともに動揺してしまい、大切なことを聞き洩らしてしまう可能性が考えられます。まずは事実として、どの程度の虐待であり、それは過去の話なのか、あるいは今でも起こっているのかを確認します。これは子どもにとっても苦しい体験であり、話したがらなかったり、泣いてしまうこともあり、「大変だったね」と共感的に聞くだけで話が終わってしまい、肝心の事実関係や緊急性が分らないままということも起こり得ます。

　ある程度の事実や緊急性が理解できたらそれにどう対処するかですが、まずは子どもがどうしてほしいと思っているかを確かめます。何とかしてほしいと思っているのか、あるいはこのまま誰にも言わないでほしいと思っているのか、自分で何とかすると考えているのかなど、本人の意向も大切にします。

　本人の意向を尊重しつつ、虐待の事実の緊急性を常にスクールカウンセラーはアセスメントすることが求められ、それを1人で抱えておいて大丈夫なのか、あるいは他の誰かに相談して連携をとった方がいいのか、難しい判断を迫られることになります。それほど緊急性がない場合は、また次回会ったときに相談するということも可能ですが、緊急性の高い場合は50分という限られた面接の中でその判断をしていく必要があります。1人では対応できず、管理

職にも相談する必要があると判断したら、できればその旨を本人にも伝えて、スクールカウンセラーだけではなく他の先生も一緒に考えていきたいということを了解しておいてもらう方がいいでしょう。

> **？　休み時間に生徒が勝手に相談室に入ってきて話しかけてくるが、どのようにしたらよいか？**

　生徒が勝手に相談室に入ってくるのは、「この部屋はどうなっているのか」「どんな人（カウンセラー）がいるのか」が気になっているからかもしれません。生徒が関心を持ってのぞいているのであれば、スクールカウンセラーとしてはそれを１つのきっかけと考え、部屋の説明やどうやったらここに相談に来られるかなど、簡単な説明をしたり、気軽に話せる大人として好感を持ってもらえるように対応したいものです。

　ただし、相談室の自由開放（75頁参照）で示したように、生徒が自由に出入りすることに伴う問題や危険性もあるので、ある一定の枠（部屋に来る人数や時間帯など）はおさえておきましょう。特に休み時間でも生徒が勝手に相談室に出入りすることを、学校としてはあまりいいことではないと考えている場合もあるので、コーディネーターの先生を通して十分に確認しておく必要があります。仮に生徒が勝手に相談室に入ってきても、それは何か関心があるということであり、意味があるかもしれないということを

きちんと伝えておきます。もっとも、ただおもちゃで遊びたいとか、クーラーがあって涼しいという理由で生徒が勝手に入ってくる場合は、毅然とした態度で、ここはそういう場所ではないということを生徒に伝えて、スクールカウンセラー自身が相談室の枠を守るという姿勢が大切です。

❓ 休み時間の20分の時間を使って面接してほしいと依頼を受けたが、どのようにしたらよいか？

　カウンセリングの基本は、きちんと時間と場所を決めて話を聞くというものなので、20分だけ話を聞いてほしいというのはなかなか難しいものがあります。

　しかし、学校という現実の場を考えると、授業中に面接をすることはよほどのことがない限りありえず、児童・生徒に関しては当然のことながら授業が優先されます。そうなると、学校に来ている子どもにとって面接ができる時間は昼休みや放課後ということになり、放課後は早く帰りたいといった思いや部活動があるために、結果的にお昼の20分の休み時間しかとれないということが起こり得ます。こうした場合、コーディネーターの先生とも十分に相談し、最初から50分ないと面接ができないという態度ではなく、20分という限られた時間の中で学校側としては何を求めており、それにどこまで応えることができるかをきちんと整理して伝え、まずは20分という限られた中でのアセスメントと関係づくりに努めていく柔軟さが必要です。そし

て、面接後の理解として、継続の必要性や子どもからの来談希望があれば、もう少し時間を確保して会うように担任と調整していく方がよいでしょう。

? 特定の教職員から個人的な好意を向けられたらどうする？

　教師の日頃の苦悩や人間関係の悩みを聞いて、何とかして支えたいという専門家としての姿勢が、場合によっては個人的な好意として誤解されることがあり、特定の教師から過度に優しくされたり、プレゼントをもらったりすることがあります。このように自分の相談に熱心に耳を傾けてもらい、優しく接してもらっていたりすると、それが好意と受け取られてしまい、その思いを誤解されたまま関係が進んでいくと、逆に申し訳ないと思ってはっきりと拒絶することが難しくなります。そうなる前にできるだけ早めに、この関係は個人的な関係ではなく、専門家同士の職務上の関係であることを明確にしておくことが大切です。したがって、個人的に物をもらっても受け取らないということも考えられます。

　ただ、このことは非常に微妙な問題であり、学校に１人で入り、周りから受け入れてもらえていないのではないかと不安になっているスクールカウンセラーにとって、少し優しくされたり、理解を示してもらえると非常に有り難く、こちらもできるだけ力になりたいと思うものです。しかし

ながら、受け入れてもらったことが、スクールカウンセラーという専門家として受け入れられたのか、あるいは1人の異性として受け入れられたのかでは大きく異なります。このようにスクールカウンセラーは、相手からどのような視線を向けられ、どのような思いを持たれているかに敏感である必要があります。これはハラスメントの問題にもつながりますが、学校という職場は組織としての構造はゆるいところがあるので、スクールカウンセラーとしてときには毅然とした態度が必要になるときがあることを心得ておくべきでしょう。

用語解説
「スクールカウンセラー活用の具体的方法」

ケース会議

　学校で1人の子どもの理解や対応が問題になり、その理解や対応の共通理解を図るには、ケース会議を設定してもらうと動きやすいことがあります。ケース会議とは1人の生徒に関して関係する先生方が集まり、情報を出し合い、今後の対応について検討する場です。そこにスクールカウンセラーが参加できると多くの情報を得ることができるとともに、スクールカウンセラーからも見立てや今後の方針について助言をすることが可能になります。

　ケース会議は必要に応じて臨時的に行われる場合もありますし、学校によっては定期的に気になる生徒の情報交換の場として設定されている場合もあります。いずれの場合も、学校として生徒の情報を共有して、共通の方針に基づいて関わっていこうという姿勢の表れであり、組織としての取り組みを目指したものなので、スクールカウンセラーもできるだけ参加するようにしていくとよいでしょう。

コンサルテーション

　コンサルテーション（consultation）とは、専門家同士においてなされる指導・助言であり、学校においては、心理臨床の専門家であるスクールカウンセラーから教育の専門家である教師に対してなされる助言などのことです。これは、心理臨床における臨床心理学的地域援助の重要な機能の1つであり、スクールカウンセラーにとっても重要な役割となります。

　専門性を身につけた教師が日々子どもたちに関わる中で、子どもの行動や発言がなかなか理解しがたく、どのように対応していったらよいか戸惑うことが多々発生し、心の専門家としてのスクールカウンセラーに対して助言を求めることが多くなっています。このような教師の戸惑いや苦悩に対し、適切に助言を行うことで、教師が少しでも助かったと思ってもらえることがスクールカウンセラーの活用にとって非常に重要です。

　コンサルテーションでは、スクールカウンセラーから教師に対して助言を行いますが、あくまでも専門家同士の対等な関係であり、決して上下の関係ではないことに留意しましょう。お互いの専門性を尊重した上で、スクールカウンセラーの助言が指示や指導といった上から与えるようなものではなく、あくまでも1つの見方として謙虚に提示する姿勢が大切です。

　また、コンサルテーションの場はスクールカウンセラーの専門性を問われる場面でもあり、相談に来られた教師のニーズを的確に捉え、対象となる子どもの心理やその周りの状況などに関する心理アセスメントをできるだけわかりやすい言葉にして伝える必要があります。このコンサルテーションが上手に行え

用語解説「スクールカウンセラー活用の具体的方法」

ると、学校での活動はかなり広がり、学校教育の中にスクール
カウンセラーの視点が根づいていくことになると考えられます。

スクールカウンセラーの生徒・保護者への紹介

　スクールカウンセラーが学校で仕事をしていく上で、まずは
スクールカウンセラーのことが学校で公表され、周知される必
要があります。教職員への紹介については、最初の出勤時に、
朝の職員打ち合わせの際に紹介されたり、職員会議や学年会議
において紹介されたりすることがあります。

　生徒に対しては、全校集会や学年集会の際に前に出て自己紹
介をしたり、すぐに集まる機会がないときは全校一斉の放送に
よって紹介されることもありました。保護者に対しては日曜参
観をはじめ、保護者が学校に集まる懇談会や講演会の際に紹介
されたり、自己紹介を行うことがあります。しかし、実際のと
ころはスクールカウンセラーが直接生徒や保護者の前に出て紹
介されるという機会はそう多くなく、学校だよりやPTA新聞
などの広報誌での紹介というケースも多いです。

　また、学校によっては、生徒や保護者にほどんと紹介されて
いなかったり、教職員に対しても全体の場での紹介がないまま
に活動がスタートすることがあります。これは、月に数回の勤
務では、広報することで相談の枠がいっぱいになるという危惧
もあり、あえて広報を行っていないという場合もあり、また紹
介もなく、それほど活用されないまま時間が経つという場合も
あり、その学校においてスクールカウンセラーがどのように位
置づけられて、どのように活用しようとしているのかという学

校アセスメントの問題と関わることであり、学校ごとの実情に合わせて柔軟に対応することが求められます。

事例検討会

　事例検討会はケース会議とやや似ているところがありますが、実質的にはかなり違う側面を持っています。ケース会議は、まずそのケースに関わっている人が中心であり、その人たちの中での情報共有と今後の方針について検討し確認をするというものです。ですから、開催も時と場合によって、随時開く必要があり、時間も短時間で終わる場合もあれば、非常に難しい局面にさしかかっている場合は管理職なども含めて時間をかけてじっくりと状況を確認し、今後の方針について検討する場合があります。それに対して、事例検討会とは１つのケースについてしっかりと時間をかけ、どのようにそのケースを理解し、どのような取り組みをしてきたか、その際に関係する教師がどのような思いを持ち、どのような方向性で関わってきたかを検討することで参加者の理解を深めるとともに、今後の関わりの方針についても確認するという研修的な意味合いが強くなります。つまり、事例検討会では１人の子どもの問題行動をどのように理解し、どう関わっていくのかを臨床心理学的な視点から検討し、また教師という立場で何ができ、スクールカウンセラーや保護者とどのように連携をとりながら進めるかなどを確認していきます。

用語解説「スクールカウンセラー活用の具体的方法」

教育相談部会

　学校の校務分掌の中に教育相談という領域があります。子どものさまざまな悩みに担任らが相談にのって、悩みや不安を解消していくというものです。その中心が教育相談主任であり、さらに各学年の教育相談担当の教師が決められており、それらの先生が集まって教育相談部が組織されています。位置づけとしては、大きくは生徒指導部の中に置かれていたり、それと併置するように教育相談部が置かれていたりします。この教育相談部が不登校の問題をはじめ、不登校傾向や体調不良を訴えるなど気になる生徒の情報交換をする場であり、スクールカウンセラーもこの部会のメンバーの一員に位置づけられることが多いです。この部会をスクールカウンセラーが勤務する曜日に開くように設定してもらえると、連携の半分はできたことになります。つまり、各学年の教育相談担当者と顔を合わせ、学年ごとの不登校の状況がそこで把握できるので、非常に重要な会議になります。教育相談部会は、スクールカウンセラーが学校において組織的に動いていくときのベースになる会議であり、この会議が学校内においてどの程度機能していくかが、スクールカウンセラーの活動を学校全体の組織的な動きに広げていくのに大きな役割を果たすことになります。

相談室たより

　スクールカウンセラーの活動について多くの人に知ってもら

231

うための方法に「たより」の発行があります。学校では、学校たより、学年たより、学級たより、保健室たよりなどさまざまなたよりが出されており、担任によっては毎週のように学級通信としてのたよりを出している先生もいます。そのような中で、スクールカウンセラーも相談室たより（スクールカウンセラーたより、ニューズレターなど）を発行する場合があります。まずは前任者がどのようなたよりを出していたかを確かめる必要がありますが、多くは月に１回か２カ月に１回、あるいは学期に１回ぐらいというペースで、対象も児童・生徒、保護者、教職員とさまざまに考えられます。内容としては、季節の便りから相談室の紹介、スクールカウンセラーの来校日のお知らせ、相談やコンサルテーションの受付の流れ、心理学に関するコラム、スクールカウンセラーの学校における感想や印象、本の紹介などさまざまで、読者の関心や発行の頻度によって適宜選択していきます。生徒へのたよりはわかりやすい内容にし、イラストなどを入れて親近感を持ってもらう工夫をし、保護者へのたよりでは、スクールカウンセラーの来校日や相談受付の手順を示したり、思春期の難しさや子育ての大変さなどを紹介したりして関心を持ってもらえるように工夫します。

守秘義務

　臨床心理士・公認心理師にとって守秘義務は、第一に尊重されるべきことであり、重要な義務です。通常の相談室ではこのことにそれほど悩むことはありませんが、スクールカウンセラーにとっては非常に難しい問題であり、また活動自体にも大き

く影響してきます。それは、教師とのコンサルテーションや養護教諭との連携、保護者面接や担任と保護者との懇談、相談室の自由開放による複数の生徒との関係、面接室におけるタバコや危険物所持と生徒との関係など、多くの場面で守秘義務が揺さぶられるからです。実際の学校現場では、守秘義務についてやや広く捉えて、集団守秘（長谷川、2003）という視点から柔軟に対応することが求められます。スクールカウンセラーが守秘義務にこだわって面接については一切語らないという姿勢を貫くと、周りとの関係が非常にギクシャクして、スクールカウンセラーの活動自体を狭めることになります。逆に、守秘義務の枠をどこまでも緩めて何でも話してしまうと、面接の意義や臨床心理士・公認心理師としての専門性が問われることになります。スクールカウンセラーとしては「クライエントとの秘密は守る」ということの本来の意義を十分に理解し、その上で、どこまでならそれを広げることが可能であるかを慎重に考えながら活動を進める必要があります。

別室登校

　不登校への支援において、教室に入れない子どもが教室以外の部屋なら登校できるということで、別室登校という形で対応する場合があります。別室には保健室や相談室が主に使われますが、状況によっては校長室、会議室、教科の準備室や資料室など、あまり人が来なくて静かな場所が使われます。ただ、本来、子どもは教室で授業を受けるべきであり、授業も受けずに別室にいるのはいいのかという意見や、別室に行っても対応す

る教師がいないなど管理上の問題になることもあります。しかしながら、学校や教室に入れないで苦しんでいる子どもに対して、少しでも学校に来させて、先生と話したり、勉強できるのであれば、別室を活用してもいいのではないかということで、現在は不登校支援の1つとして重要になっています。最近は地域の人や学生などがボランティアとして学校に入り、別室登校の生徒に対応しているところも多いようです。特に最近は不登校児童生徒数の増加に伴い、少しでも学校に来て、学習できる機会を増やそうという方向から、別室を充実させ、学校内適応指導教室として、そこに専任のスタッフを配置しようとする動きが加速しています。ただ、別室登校の子どもは対人関係上の課題を抱えていたり、心理的に不安定で自己表現が上手ではないので、周りの関わりとしても難しいところがあります。

　スクールカウンセラーも場合によっては、その別室に顔を出し（あるいはカウンセリングルームが別室登校の場になっている場合もありますが）、子どもと関わり、話をする中でスクールカウンセラーとしてのアセスメントを教師へ伝え、さらにはその子どもと面接をし、別室登校をしながら、その一部の時間でカウンセリングを行う場合もあります。

ルーム・イン・ルーム

　これは、少し大きめの相談室の中にさらに小さな面接室があることを言います。学校では1つの空き教室を相談室として使う場合がありますが、教室は面接室としてはかなり広いので、その一部を仕切って小さな部屋をつくって、そこで面接を行う

ことがあります。つまり、部屋が二重構造になっており、部屋の中にもう１つ部屋がある（ルーム・イン・ルーム）ということです。

　面接は本来、非日常の世界であり、日常の世界からは少し切り離されたところで、ゆっくりと自分の内面に向き合っていくところです。しかしたいていの場合、相談室の外は廊下で、多くの生徒が行き来し、話し声が窓越しに聞こえてきたり、誰かが急にドアを開けたりするなど、非日常の世界に急に日常の世界が入り込んでくることが起きます。多くの相談室が入口についたてを立てたり、ロッカーを置いたりして、入口から少し中間のスペースをつくって、面接室に外から直接入って来られないようにしています。

　ルーム・イン・ルームは、それをかなりきちんと構造化した面接室ということになります。相談室が二重構造になっているので、外の広い相談室でオープンな自由来室という形で生徒と関わり、保護者や先生の来室時は待合のスペースやコンサルテーションの場として使うこともできます。実際の面接は、その中の小さな面接室で行うことにすると、面接がかなり守られた安心できるものに感じられます。ただし、この二重構造の面接室はかなり気密性（機密性）が高く、外から中をうかがい知ることができないので、教師によってはその構造の意味を理解できず、閉鎖的に感じ不信感を抱くことがあります。また面接を行うスクールカウンセラー自身もその中で暴力などを受けたりしても、周りに助けを求めにくいという危険性もあることは十分に理解しておく必要があります。

養護教諭／保健室

養護教諭はすべての小中学校に1名（大規模校などでは2名の場合もあります）配置されています。養護教諭は教科の授業を担当することはなく、またクラス担任などで特定のクラスに関わることもなく、学校全体の子どもたちの心身の健康に関する問題を扱っています。

また、大きなケガや病気の場合は関係する病院を紹介したり、連れて行ったりします。最近はリストカットや摂食障害など、身体のケアをするとともに、心のケアも必要になってくるケースも多く、養護教諭は心理学的な問題に関する理解もかなり持っています。腹痛や下痢など心のバランスを崩して保健室にやってくる子どもの中には、いじめや不登校につながる相談の初期段階として養護教諭に話をするという場合も多いです。

そういった意味でスクールカウンセラーと養護教諭は非常に似た立場にあり、お互いに協力し合うことで、スクールカウンセラーの活動は非常に有効に機能していくことになります。養護教諭はスクールカウンセラーのコーディネーターとして関わる場合も多く、そうでない場合でも、常に養護教諭と連携しておく方がよいでしょう。情報交換や外部へのリファーなどは養護教諭にお願いすることが多いからです。

ただし、養護教諭の仕事は児童・生徒の身体の健康管理が中心であり、日々のケガや体調不良の子どもへの対応、歯科検診や眼科検診など多くの業務を抱え、心の問題まで積極的に関わって支援しようとするかは個々の養護教諭の意識の違いによります。したがって、心の問題も含めて、積極的に関わり、カウ

用語解説「スクールカウンセラー活用の具体的方法」

ンセリングの研修を受けておられる先生から、身体のことを中心にし、不登校など心の問題はそれほど積極的には関わらず、そこにはあまり踏み込まないという養護教諭までさまざまなスタイルの先生がおられます。

学年会（校種間の違い）

　スクールカウンセラーが配置されるのは中学校がほとんどですが、中学校の組織の特徴として学年ごとのまとまりの強さがあります。例えば1学年5クラスほどあると、各クラスの担任や副担任、学年主任やその学年に属する先生（例えば養護教諭、教務主任など）の10名ぐらいが一般に"学年団"と呼ばれ、その学年のすべての活動を運営していきます。小学校の場合は、学級担任制が基本であり、学年会や学年主任という方もおられますが、学年としてのまとまりよりも、むしろ個々の学級担任の判断に任されていることが多いと思います。一方、高等学校では、学年としてのまとまりもありますが、教科ごとの集まり（例えば国語教科会や英語教科会など）も強く、さらに進路部や保健部といった校務分掌の機能が充実しています。中学校における学年会とは学年での取り組みについて検討し、確認する会議です。多くは授業内容の確認や評価の方法、行事などの運営について話し合われますが、その中で生徒指導上の対応や気になる生徒についての情報交換も行われたりします。曜日などを決めて定期的に行われる場合もありますし、必要に応じて主任の呼びかけによって実施される場合もあります。スクールカウンセラーが学年会に参加することはあまりありませんが、曜

日が重なったり、少しその学年の様子を知りたいと思ったら、主任に相談して参加させてもらうのもいいかもしれません。生徒指導に関するさまざまな問題に対し、誰がどのような動きをして対応しているかがわかるかもしれませんし、また校外学習において、例えば別室登校の子が参加するかもしれないという情報にどのように対応するかが細かく話し合われる様子がわかります。その会の中で、スクールカウンセラーにコメントを求められることもあり得ます。その際はカウンセラーとして自分が感じたことを率直に短くコメントするようにしましょう。いずれにしても、スクールカウンセラーは各学年団とも連携し、できるだけ詳しい話が聞ける関係を日頃からつくっておくことが大切になると思われます。

校内研修会

スクールカウンセラーが校内の研修会で講師として依頼を受けることがあります。教師たちは現代のさまざまな教育問題に対応するために、研修を受ける機会が設けられています。研修会は主に教務主任や研究主任（校内の研究や研修を担当）が担当しているので、その先生との連携になります。また、平日の放課後や短縮授業などによって子どもが早めに下校した後に行われる場合と、夏休み中に時間をとって行われる場合があります。

平日は放課後のクラブ活動の問題や、生徒指導上の問題が発生するとその対応に追われるので全員が揃わない場合があり、なかなかゆっくりと落ち着いてできないことがあります。また、

夏休みに行われる場合も、限られた数日の研修日の中で人権の問題やコンピューターによる成績評価の研修、進路指導の研修など、多くの内容を取り上げる必要があり、スクールカウンセラーが関係する教育相談の研修がどこまで実施できるかはその学校のニーズや意識の高さによるでしょう。私の経験では、数年間、勤務しても教育相談に関する研修はほとんどなかったという学校から、毎年のように夏休みに依頼を受けて研修会を実施し、さらに平日の放課後にも実施したという学校もありました。

　研修の内容としては、不登校や思春期に関する講演から、自傷行為、発達障害や行為障害、摂食障害など、その学校で特に問題となっていることや、傾聴訓練といったカウンセリングの実習的なものまで考えられます。研修の依頼を受けた場合は、できるだけ引き受けるようにし、内容はコーディネーターとも相談しながら考えていけばよいでしょう。

参 考 文 献

長谷川啓三（2003）「集団守秘義務の考え方」臨床心理学　3(1)　pp.122-124　金剛出版

松木邦裕（2010）『精神分析臨床家の流儀』金剛出版

中村泰江（2003）「第3章　学校に入ったら何から始めたらよいか」『学校臨床心理学・入門』伊藤・平野編　有斐閣アルマ

菅佐和子（1988）『思春期女性の心理療法』創元社

村瀬嘉代子（1995）『子どもと大人の心の架け橋』金剛出版

田嶌誠一（2001）「不登校・引きこもり生徒への家庭訪問の実際と留意点」臨床心理学　1(2)　pp.202-214　金剛出版

河合隼雄（1970）『カウンセリングの実際問題』誠信書房

馬殿禮子（2008）「スクールカウンセラーの倫理」現代のエスプリ別冊「臨床心理士によるスクールカウンセリングの実際」村山正治編　至文堂

榊原禎宏（2010）「教員の精神的健康への一視覚――教員による『わいせつ行為』は多いか」京都教育大学紀要　No.116

小俣和義（2002）「同一セラピスト母子並行面接における『枠』の重要性」心理臨床学研究　20(4)　pp.324-335

小俣和義（2001）「同一セラピストによる並行母親面接の導入と進め方」心理臨床学研究　19(2)　pp.119-131

角田豊編著（2009）『生徒指導と教育相談』創元社

出口治男監修（2009）『カウンセラーのための法律相談』新曜社

鶴田和美（1995）「学生相談における時間の意味」心理臨床学研究　12(4)　pp.297-307

内田利広・青山昌代（2010）「スクールカウンセラーが授業に関わることについての実践研究」京都教育大学紀要　No.116

内田利広（2021）「スクールカウンセリングにおける重層的アセスメント

の活用——すき間をつなぐコンサルテーションの方法」京都教育大
学紀要　第 138 号　pp.211-226

内田利広（2014）『期待とあきらめの心理——親と子の関係をめぐる教育
臨床』創元社

内田利広（2022）『フォーカシング指向心理療法の基礎——カウンセリン
グの場におけるフェルトセンスの活用』創元社

吉川悟（1993）『家族療法』ミネルヴァ書房

■著者略歴……………………………………………………………………………………

内田利広（うちだ・としひろ）

鹿児島県生まれ。博士（心理学）、臨床心理士、公認心理師

九州大学教育学部助手（心理教育相談室主任）、京都教育大学教育学科講師、助教授（准教授）、教授を経て、現在は龍谷大学心理学部教授、京都教育大学名誉教授、八幡市教育支援センター・スーパーバイザー、神戸親和大学大学院非常勤講師。京都市公立中学校スクールカウンセラー、スクールカウンセラー全国研修会ワーキンググループ委員などを歴任

著書として、『学校カウンセリング入門』（分担執筆　ミネルヴァ書房）、『改訂版　はじめて学ぶ生徒指導・教育相談』（編著　金子書房）、『期待とあきらめの心理―親と子の関係をめぐる教育臨床―』（単著）、『フォーカシング指向心理療法の基礎』（単著）（以上創元社）、『母と娘の心理臨床―家族の世代間伝達を超えて―』（単著　金子書房）、『スクールカウンセラーという仕事』（共著　青弓社）などがある。

内田純子（うちだ・じゅんこ）

福岡県生まれ。臨床心理士、公認心理師

単科精神科病院での臨床心理士、大学附属臨床心理相談室カウンセラーや大学学生相談室での相談員、カウンセリング専門機関勤務を経て、現在は京都市・京都府スクールカウンセラー

著書として、『スクールカウンセラーという仕事』（青弓社）、分担執筆として、『教育相談の理論と実践』（ふくろう出版）がある。

スクールカウンセラーの第一歩
改訂新装版
学校現場への入り方から面接実施までの手引き

2011 年 8 月 10 日　第 1 版第 1 刷　発行
2025 年 3 月 10 日改訂新装版第 1 刷　発行

著　者………………………………………………………………

内田利広・内田純子

発行者………………………………………………………………

矢部敬一

発行所………………………………………………………………

株式会社 創 元 社

〈本社〉〒541-0047 大阪市中央区淡路町4-3-6
電話 06-6231-9010㈹

〈東京支店〉〒101-0051 東京都千代田区神田神保町1-2 田辺ビル
電話 03-6811-0662

〈ホームページ〉https://www.sogensha.co.jp/

印刷所………………………………………………………………

株式会社 加藤文明社

本書を無断で複写・複製することを禁じます。
落丁・乱丁のときはお取り替えいたします。

©2025 Toshihiro Uchida, Junko Uchida　Printed in Japan
ISBN978-4-422-11837-6 C3011

JCOPY 〈出版者著作権管理機構 委託出版物〉

本書の無断複製は著作権法上での例外を除き禁じられています。複
製される場合は、そのつど事前に、出版者著作権管理機構（電話 03-
5244-5088、FAX 03-5244-5089、e-mail: info@jcopy.or.jp）の許諾を得て
ください。